Use a lógica

D. Q. McInerny

Use a lógica

UM GUIA PARA O PENSAMENTO EFICAZ

Tradução
Fernanda Pantoja

BestSeller

CIP-BRASIL. CATALOGAÇÃO-NA-FONTE
SINDICATO NACIONAL DOS EDITORES DE LIVROS, RJ.

D256u McInerny, D. Q.
Use a lógica: um guia para o pensamento eficaz / D. Q. McInerny; tradução de Fernanda Pantoja. - Rio de Janeiro: Best*Seller*, 2006.

Tradução de: Being logical
ISBN 85-7684-109-6

1. Lógica. 2. Comportamento. I. Título.

06-0189. CDD 302.35
CDU 316.61:65

Título original norte-americano
BEING LOGICAL

Capa: Folio Design
Editoração eletrônica: Abreu's System

Impresso no Brasil

ISBN 85-7684-109-6

In memoriam

AUSTIN CLIFFORD MCINERNY

e

VIVIAN GERTRUDE RUSH MCINERNY

Podemos ter a imaginaçao como companheira,
mas devemos seguir a razão como nosso guia.

– Dr. Samuel Johnson

SUMÁRIO

PREFÁCIO

LÓGICA É O RACIOCÍNIO CLARO E EFETIVO. TRATA-SE DE UMA CIÊNcia e de uma arte. Este livro visa apresentar aos leitores os fundamentos da ciência, assim como as habilidades básicas associadas à arte.

Todos nós conhecemos pessoas inteligentes, mas que nem sempre são brilhantes quando o assunto é lógica. Elas têm a habilidade de pensar logicamente – isto é, de modo claro e com fundamento –, mas essa habilidade não se manifesta com muita freqüência. Provavelmente, essas pessoas nunca foram propriamente estimuladas, o que aponta para uma deficiência em sua educação. De fato, a lógica é a espinha dorsal de uma educação eficaz e, no entanto, raramente é ensinada como tal nas escolas norte-americanas. No meu entender, lógica é a peça que falta no sistema educacional americano, a matéria que oferece subsídios para qualquer outra, de língua inglesa a história, matemática e ciências.

Alguns leitores – especialmente se este livro representar o primeiro encontro sério com a lógica – talvez reajam com desconfiança ao que parece ser um vocabulário excessivamente técnico ou às observações simbólicas das quais a lógica faz uso freqüente. Não fique assustado com as primeiras impressões. Fiz um esforço redobrado para apresentar as questões (que, em momento algum, são tão complicadas) de maneira simples e acessível. Ao mesmo tempo, contudo, tentei evitar o simplismo. Uma lógica simplista não é lógica em hipótese alguma.

Outros leitores podem ficar desconcertados quando perceberem a ênfase no óbvio. Eu realmente enfatizo o óbvio neste livro, e isso é intencional. Na lógica, como na vida, é o óbvio que, na maioria das vezes, precisa ser enfatizado, porque nos escapa com muita facilidade. Se você perceber ênfase demais em certos pontos e a opção pelo explícito em vez do implícito, é porque eu me prendo ao princípio pedagógico tradicional, que é sempre o mais seguro a ser adotado.

A lógica, como um todo, é um campo extenso, profundo e maravilhosamente variado, e eu ficaria contente se meus leitores, como resultado do contato com este livro, fossem levados a ficar mais familiarizados com ela. No entanto, meu objetivo aqui é muito modesto. Esta obra não é um tratado sobre a teoria da lógica, nem um livro didático sobre lógica – no entanto, não ficaria desapontado se soubesse que se mostra útil em salas de aula. A proposta que me orientou foi a elaboração de um guia prático que apresentasse os princípios básicos da lógica de uma maneira acessível àqueles que estão entrando em contato com o tema pela primeira vez. *Use a lógica* destina-se a produzir praticantes, e não teóricos – pessoas para as quais o conhecimento sobre os princípios da lógica está a serviço de serem lógicas.

Na esperança de servir melhor a fins práticos, adotei um estilo um tanto informal, ora dirigindo-me diretamente ao leitor e, à maneira de um tutor ou técnico, ora assumindo um tom diretivo. Trato a lógica em quatro etapas – cada estágio sucessivo construído sobre o estágio precedente. "Preparando a mente para a lógica" é preparatório e lida com a condição a ser estabelecida em mente se o pensamento lógico for de fato acontecer. Em "Os princípios básicos da lógica" e "Argumento: a linguagem da lógica", o coração do livro, passamos para o domínio da lógica em si. A Etapa dois explica as verdades fundamentadas que governam o pensamento lógico, enquanto a Etapa três focaliza o argumento – a exteriorização do pensamento lógico. Em "As origens do pensamento ilógico", discuto as atitudes e condições da mente que promovem erros de raciocínio. Finalmente, "As principais formas do pensamento ilógico" concentra-se nos pormenores do pensamento ilógico – as falácias.

Uma última palavra, de admiração e reconhecimento, para o pequeno e brilhante livro *Os elementos do estilo*, de William Strunk Jr. e E. B. White, no qual me inspirei para escrever *Use a lógica*. O que tentei realizar aqui não pode ser comparado ao inigualável resultado obtido por Strunk e White, mas espero que possa, na medida do possível, ser útil na defesa pelo bom pensamento, já que a obra *Os elementos do estilo* em nada deixou a desejar nesse sentido. Meu desejo mais sincero é que este livro possa convencer os leitores da importância intrínseca da lógica – e que ela produza neles uma satisfação que não tem preço e que inevitavelmente acompanha a feliz condição de saber usar a lógica.

ETAPA UM

Preparando a mente para a lógica

SER UMA PESSOA LÓGICA PRESSUPÕE TER SENSIBILIDADE À LINGUAgem e capacidade para usá-la efetivamente, pois lógica e linguagem são inseparáveis. Presume, ainda, um respeito saudável à existência dos fatos no mundo, pois a lógica está ligada à realidade. Finalmente, ser lógico pressupõe forte consciência do modo como os fatos que são nossas idéias relacionam-se com os fatos que são objetos do mundo, pois lógica tem a ver com verdade. Na primeira parte deste livro, abordo as atitudes, os pontos de vista e os procedimentos práticos que preparam a mente para um engajamento bem-sucedido com a lógica.

Seja atento

Muitos erros de raciocínio são explicados pelo fato de não prestarmos atenção suficiente à situação em que nos encontramos. Isto é especialmente verdadeiro em situações familiares. Uma grande intimidade provoca julgamentos descuidados em relação a fatos que estão claramente diante de nossos olhos. Interpretamos mal uma situação porque a olhamos rapidamente, quando, na verdade, deveríamos examiná-la com atenção. Freqüentemente, concluímos que uma situação familiar não será nada além da repetição de outra semelhante, já experimentada. No entanto, em um sentido mais estrito, não existem desempenhos repetidos. Cada situação é única, e devemos estar atentos a essa característica.

A expressão "prestar atenção"* é muito eficaz. Faz-nos lembrar que a atenção tem um "custo". Atenção requer uma reação ativa e energética a cada situação, às pessoas e aos elementos que dela fazem parte. É impossível estar atento e ser passivo ao mesmo tempo. Não olhe apenas; veja. Não escute apenas; ouça. Treine o foco nos detalhes. As pequenas coisas não devem ser ignoradas, pois são elas que nos conduzem às maiores.

Vá direto aos fatos

Um fato é algo construído ou praticado. Apresenta uma condição objetiva clara. É algo a que reagimos por ter condição própria. É irritantemente persistente, exige reconhecimento e pode ser desagradável se ignorado.

Existem dois tipos básicos de fatos objetivos; as coisas e os acontecimentos. A "coisa" é uma entidade que realmente existe: animal, vegetal ou mineral. A Casa Branca é um exemplo do primeiro tipo de fato, enquanto o assassinato de Abraham Lincoln pertence ao segundo tipo. O primeiro tipo é mais básico do que o segundo, porque os acontecimentos são compostos por coisas ou por suas ações. Haverá um jantar na Casa Branca. Tal evento não poderia acontecer se não fosse pela existência, primeiramente, do fato Casa Branca, além de outros incontáveis fatos. Para

---

*Em inglês, *pay attention*. O verbo *to pay* também significa pagar. (*N. do E.*)

comprovarmos a existência real de um acontecimento, é preciso recorrer um certo número de coisas concretas.

Para determinar a realidade de um fato do tipo "coisa", tudo o que você precisa fazer é uma visita. Se ele realmente existe, tem de estar em algum lugar e, assumindo que esse lugar lhe é acessível, é possível verificar sua existência com uma observação direta. Tomemos o exemplo da Casa Branca. Para nos assegurarmos de que se trata de um fato, e não de algo puramente imaginário, você pode viajar a Washington, D.C., e vê-la com os próprios olhos. Esse é o meio mais direto e confiável de comprovar sua existência. Mas você também poderia basear-se em evidências indiretas: por exemplo, acreditar nas palavras de uma testemunha confiável de que a Casa Branca fica de fato em Washington. Ou poderia decidir que uma fotografia é suficiente para comprovar sua existência.

E quanto a um acontecimento como o assassinato de Lincoln? Afirmamos que é um fato. Qual é a justificativa para essa assertiva? Trata-se de um acontecimento que já passou e que não tem mais importância. Além disso, não existem testemunhas vivas que possam ser consultadas. Obviamente, como não testemunhamos o acontecimento, a evidência direta está fora de questão. Neste caso, nossa abordagem será travar conhecimento com uma variedade de coisas que servem de evidência indireta ao acontecimento. Por exemplo, podemos consultar documentos oficiais (relatórios policiais, certidão de óbito etc.), reportagens de jornais, fotografias, dissertações, diários e itens em arquivos do congresso norte-americano – todos são fatos por direito e dos quais a única explicação razoável é a existência do assassinato de Lincoln. Baseando-nos na existência dessas coisas, comprovamos a existência do acontecimento. E, assim, comprovamos um fato histórico.

Fatos também podem ser pensados como objetivos e subjetivos. Coisas e acontecimentos são fatos objetivos. Existem no domínio público e são, a princípio, acessíveis a todos. Um fato subjetivo é o que se limita ao sujeito que o vivencia. Uma dor de cabeça seria um exemplo de um fato subjetivo. Se eu estou sentindo dor de cabeça, então tenho uma evidência direta de sua existência. No entanto, se é você quem está com dor de cabeça, só posso comprovar a existência dela indiretamente. Posso simplesmente acreditar em sua palavra. Comprovar a realidade de fatos subjetivos depende inteiramente de nossa confiança em quem diz estar vivenciando o fato.

Em resumo, se determinado fato é algo que realmente existe e ao qual temos acesso, então a maneira mais segura de comprovar sua existência é colocar-nos em sua presença. Teremos, assim, uma evidência direta do fato. Se não pudermos comprovar a existência pela evidência direta, temos de examinar rigorosamente a autenticidade e a integridade de qualquer evidência indireta em que possamos confiar, para que, assim, com base nessa evidência, seja possível comprovar a existência do fato.

Existe um número muito limitado de acontecimentos públicos significantes que podemos vivenciar diretamente. Isto significa que, na maioria dos casos, temos de confiar em evidências indiretas. Ao comprovar a existência de acontecimentos por evidências indiretas, é preciso ter o mesmo cuidado adotado quando da comprovação da existência do fato "coisa" por evidência indireta. Tudo depende da autenticidade e da integridade de nossas fontes de pesquisa.

Um fato subjetivo, para o sujeito que o vivencia, é evidente por si mesmo em circunstâncias normais. No entanto, por meio de mecanismos como ilusão e racionalização, uma pessoa poderia fracassar em provar a existência de um fato mesmo quando relacionado a si própria.

Como a comprovação da existência de um fato subjetivo relativo a outra pessoa depende inteiramente de sua honestidade, você deve, na medida do possível, comprovar sua honestidade.

Idéias e objetos de idéias

Toda idéia de nossa mente pode essencialmente ser identificada com uma coisa, ou coisas, que realmente existem no mundo, independentemente de nossa mente. Uma idéia é a evocação subjetiva de um fato objetivo. Assim, idéias claras são aquelas que refletem fielmente a ordem objetiva de onde se originam. Idéias confusas, ao contrário, oferecem uma representação distorcida do mundo objetivo.

Embora o controle sobre nossas idéias não seja absoluto, é real. Isto significa que não estamos desamparados diante de idéias confusas. Para nos assegurarmos da clareza de nossas idéias, temos de prestar muita atenção à relação existente entre uma idéia dada e seu objeto. Se a relação for tensa, se a conexão entre a idéia e seu objeto for vaga, então estaremos lidando com uma idéia confusa.

É equivocado supor que, pelo fato de conhecermos as coisas do mundo apenas por meio de nossas idéias, só conhecemos verdadeiramente nossas idéias. Nossas idéias são os meios, não os fins, de nosso conhecimento. Elas nos ligam ao mundo. Se forem idéias claras, os laços são fortes. A maneira mais eficiente de esclarecer nossas idéias é *examinando* os objetos que elas representam.

Preste atenção às origens das idéias

Todos tendemos a favorecer as próprias idéias, o que é completamente natural. Afinal de contas, elas são nossos bebês, autênticas criações de nossas mentes. Mas a criação só se torna possível no sujeito que pensa em razão do encontro desse sujeito com o mundo. Nossas idéias devem sua existência, basicamente, às coisas do mundo exterior que independem da mente: os fatos objetivos.

Nossas idéias são claras, e nosso entendimento sobre elas também é claro à medida que as mantemos vinculadas às coisas às quais elas se referem. O foco precisa estar na origem de nossas idéias no mundo objetivo. Não entenderemos, de fato, nossas próprias idéias supondo que elas tenham nascido de si próprias, ou seja, que não devem sua existência à realidade externa.

Quanto mais focarmos nossas idéias de modo que elas sistematicamente ignorem as origens objetivas, mais duvidosas elas se tornam. Os laços saudáveis que ligam a ordem subjetiva e a objetiva são colocados sob grande tensão, e, se colocarmos muita força no processo, os laços podem romper-se. Dessa maneira, nós, efetivamente, nos separamos do mundo objetivo. Em vez de percebermos o mundo como ele é, captamos um mundo projetado, um mundo que não é apresentado à nossa mente, mas que é produto dela.

Quando falamos em "comprovar um fato", não nos referimos a comprovar a existência de uma idéia em nossa mente. A idéia na mente, como vimos, é um fato subjetivo, mas o fato com o qual estamos preocupados aqui é um fato objetivo. Para isso, precisamos ir além das idéias, ou seja, às fontes do mundo objetivo. Eu comprovo um fato se, com sucesso, verifico que existe, para certa idéia em minha mente, uma realidade correspondente que seja externa a ela. Por exemplo, tenho uma idéia em minha mente que chamo de "gato". Em correspondência a essa idéia, existem, no mundo externo, coisas que se chamam "gatos". Mas eu poderia ter uma outra idéia em minha mente nomeada "centauro", para a qual não existe um fato correspondente no mundo externo. Por isso, a idéia de "centauro" é um fato subjetivo, já que só existe como idéia em minha mente.

Ligue idéias a fatos

Existem três componentes básicos no conhecimento humano: primeiro, o fato objetivo (por exemplo, um gato); segundo, a idéia de gato; terceiro, a palavra que usamos para essa idéia, que permite a comunicação (por exemplo, em português, "gato"). Tudo começa com o gato. Se não existissem gatos, não haveria idéia sobre eles, e não haveria uma palavra para essa idéia. Tenho ressaltado, de modo geral, que as idéias (realidades subjetivas) são claras ou bem fundamentadas à medida que refletem uma realidade objetiva. E dissemos que todas as idéias têm sua fonte principal no mundo objetivo. Agora, precisamos olhar mais de perto como as idéias relacionam-se com o mundo objetivo, pois a relação não é sempre assim tão simples. Em seguida, perguntamos: Como as idéias ruins são possíveis?

Às vezes, existe uma correlação entre uma idéia e um fato objetivo. Exemplo: a idéia de gato. Vamos chamar isso de uma idéia "simples". Em relação à minha idéia, gato é uma entidade única e particular do mundo exterior – aquela criatura peluda, que ronrona e que, no português, nomeamos desse modo. É relativamente fácil testar a integralidade de idéias simples porque só precisamos nos referir a uma coisa. Minha idéia de gato é clara e bem fundamentada se diz respeito a um gato real.

Chamaremos de idéias "complexas" aquelas para as quais não existe um único correspondente simples entre a idéia e a coisa. Aqui, o correspondente é um para vários. Existe mais do que uma única fonte para esse tipo de idéia no mundo objetivo. Vamos tomar como exemplo a idéia de democracia. É uma idéia clara ou bem fundamentada? É, pelo menos potencialmente, à medida que somos capazes de relacioná-la ao mundo objetivo. Mas existem muitas coisas no mundo objetivo que se juntam para compor o significado rico da idéia de democracia: pessoas, acontecimentos, constituições, atos legislativos, instituições passadas, instituições presentes. Se a minha idéia de democracia vai ser comunicável aos outros, precisa referir-se ao que é comum a mim e aos outros, àquela variedade de coisas no mundo objetivo das quais se origina. Para evitar que minha idéia resulte de puro subjetivismo – e, neste caso, não seria possível comunicá-lo aos outros –, tenho de estar continuamente em contato com aqueles muitos fatos dos quais a idéia se originou.

Como vamos explicar as idéias ruins (isto é, confusas e infundadas)? Uma idéia é confusa ou infundada na medida em que é distante e distorcida em relação às fontes de origem no mundo objetivo. Nenhuma idéia, mesmo a mais bizarra, pode se desfazer completamente de seus laços com o mundo objetivo, mas idéias podem tornar-se tão remotas no tocante a este mundo que sua relação se torna difícil, se não impossível, de ser vislumbrada. Idéias ruins podem ser informativas, não em relação ao mundo objetivo – pois pararam de refletir fielmente aquele mundo –, mas em relação ao estado subjetivo que nutrem aquelas idéias. Idéias ruins não apenas acontecem. Somos responsáveis por elas. Elas resultam de uma falta de cuidado de nossa parte quando paramos de prestar atenção suficiente à qualidade relacional das idéias ou, pior, quando resultam de uma rejeição intencional dos fatos objetivos.

Ligue palavras a idéias

Como foi dito, primeiro vem a coisa, depois a idéia e, por fim, a palavra. Se nossas idéias são pertinentes, pois representam fielmente uma coisa, serão claramente comunicáveis somente se as vestirmos em palavras que as exprimam com precisão. Idéias, em essência, não são comunicáveis de uma mente para outra. Precisam ser cuidadosamente ajustadas a palavras para que, assim, possam ser comunicadas com fidelidade. Escolher a palavra certa para uma idéia não é um processo automático e, às vezes, pode ser um tanto desafiador. Todos já passamos pela experiência de saber o que queremos dizer, mas não conseguirmos encontrar a palavra certa.

Como garantir que nossas palavras se adequam às idéias que buscam transmitir? O processo é essencialmente o mesmo adotado quando precisamos confirmar a clareza e a sanidade de nossas idéias: temos de voltar à fonte das idéias. Muitas vezes, não conseguimos encontrar a palavra certa porque não estamos seguros de nossa própria idéia. Normalmente, quando clareamos a idéia, comparando-a com sua fonte no mundo objetivo, a palavra certa surge para nós.

De vez em quando, há uma ligação perfeita entre palavra e idéia, o que significaria o mesmo entre palavra e coisa, pois, se a idéia é clara, representa fielmente a coisa, e se a palavra expressa precisamente a idéia, também identificaria a coisa fielmente. Isto comumente acontece com idéias simples. Se eu digo "O monumento é de granito", e o monumento ao qual me refiro é realmente de granito, então "granito" é a ligação perfeita para a idéia e a coisa que ela representa. É mais complicado quando estamos lidando com idéias complexas, mas o princípio geral permanece o mesmo: para garantir a precisão no uso das palavras, vá ao encontro dos fatos objetivos, que são as explicações fundamentais para as palavras.

Na tentativa de encontrar as palavras que transmitem nossas idéias com precisão, precisamos dar forma a nossa linguagem para que, assim, ela comunique aos outros como as coisas realmente são – a realidade objetiva. A linguagem não se satisfaz em comunicar as idéias apenas como são, mas em comunicar as idéias com clareza e fundamento. Vamos supor que eu, ardentemente, insista na real existência de Liliput e tenha todos os tipos de idéias sobre isso. Posso apresentar um grande número de palavras que transmitem precisamente aquelas idéias para você, mas tudo o que essas palavras fazem é revelar o estado de minha mente; elas não revelam o estado do mundo. Lidam com a realidade subjetiva, não com a realidade objetiva.

Comunicação eficaz

Linguagem e lógica estão intrinsecamente ligadas entre si. Assim, fica clara a relação entre idéia e palavra. Embora seja um ponto muito discutido entre os especialistas, parece possível a existência de uma idéia em nossa mente sem uma palavra precisa que corresponda a ela. Em qualquer acontecimento, se vamos tentar comunicar uma idéia a outras pessoas, é imperativo que a expressemos por meio de palavras. E, como vimos, quanto mais nítida é a relação entre palavra e idéia, mais clara e eficiente é sua comunicação.

Ligar palavras a idéias é o passo inicial da comunicação. O passo seguinte é juntar as idéias para que formem proposições coerentes. Se eu digo para você "cachorro" ou "gato", sua reação seria a de expectativa, a de querer ouvir algo mais. Você imaginaria: "O que há com cachorros ou gatos?" Por meio das palavras que profiro, você sabe com quais idéias estou lidando, mas não sabe qual é a minha intenção com elas. Estou simplesmente "expressando" as idéias; não estou dizendo algo *sobre* elas. Dizemos alguma coisa sobre idéias quando as juntamos para formarem proposições que possam ser respondidas afirmativa ou negativamente. Note que, se alguém simplesmente diz "cachorro", não haveria muito sentido em responder: "Isso é verdade" ou "Isso é falso". Mas, se alguém diz alguma coisa sobre o cachorro – "O cachorro está na garagem", por exemplo –, então uma resposta desse tipo seria apropriada. A "proposição" tem um sentido especial na lógica. Trata-se de uma expressão lingüística para a qual a reação "verdadeira" ou "falsa" seria apropriada. As palavras são chamadas de blocos de construção da linguagem, mas é na *proposição* que a lógica começa, pois é no nível da proposição que a questão de falso ou verdadeiro é introduzida, e a lógica tem tudo a ver com a comprovação do que é verdadeiro e a distinção do que é falso. Às vezes, pode ser difícil determinar a veracidade ou a falsidade de uma proposição quando a mesma é entendida com clareza. Mas, se temos dificuldade em entender o que uma proposição significa, então nossas dificuldades são duas, porque temos de entender o significado da proposição antes de chegar ao ponto principal, que é determinar sua veracidade ou falsidade. Por isso, a comunicação clara e efetiva é muito importante.

É impossível efetivar uma comunicação clara sem formular um pensamento claro. Como posso dar-lhe uma idéia clara de algo que não está claro, em primeiro lugar, em minha própria mente? No entanto, idéias claras não garantem uma comunicação clara. Posso ter uma perfeita idéia do que estou *tentando* dizer, mas é possível que não tenha êxito em transmiti-la efetivamente.

Seguem algumas diretrizes básicas para a comunicação efetiva:

- Não suponha que a audiência entende sua intenção se você não deixa isso explícito

Quanto mais complicado é o assunto tratado, mais importante esse ponto se torna. Às vezes, assumimos que a audiência possui o *background* necessário para entender o assunto sobre o qual estamos falando, mas, na verdade, ela pode não reunir informação suficiente. Em caso de dúvida, recupere o *background* necessário. É sempre melhor errar pelo excesso.

- Use frases completas

A frase que mais preocupa a lógica é a declarativa. Uma frase declarativa é como uma declaração (chamada na lógica de proposição). Se eu digo "Cachorro tartaruga", "Queda na bolsa de valores em julho", "A fachada de calcário do prédio indiano", você poderia presumir que estou tentando, em cada caso, ligar certas idéias, mas não sabe como.

Isto se deve ao fato de eu não estar formando proposições legítimas. Preciso usar frases completas: "O cachorro mordeu a tartaruga", "A queda na bolsa de valores em julho deprimiu Juliano", "A fachada de calcário do prédio indiano foi severamente desfigurada por vândalos".

- Não trate as proposições avaliativas como se fossem proposições de um fato objetivo

"O prédio Pearce fica na esquina da Main Street com a Adams Street" é uma proposição de um fato objetivo, e como tal é verdadeiro ou falso. "O prédio Pearce é feio" é uma proposição avaliativa e, como tal, combina tanto elementos objetivos quanto subjetivos. Proposições avaliativas não se prestam a respostas do tipo verdadeiro ou falso. Não devemos atrair respostas incertas a proposições, e isso é exatamente o que fazemos quando damos pouca importância a uma proposição avaliativa, tratando-a como se fosse uma proposição de um fato objetivo. Se eu quero que uma proposição avaliativa seja aceita, preciso reunir argumentos consistentes.

- Evite duplicar as negativas

Em português, negativas duplas têm o efeito de intensificar a significação negativa de uma frase. No entanto, às vezes, isto pode causar confusão, pois, embora a frase soe negativa, é, de fato, afirmativa. A fim de evitar confusão e obter melhor clareza de expressão, em alguns casos evite dobrar as negativas. Em vez de dizer "Não é improvável que ele seja bem-vindo", afirme "Ele seria bem-vindo".

• Prepare a linguagem para a sua audiência

Se você é um físico discutindo o princípio da indeterminação com outros físicos, numa conferência profissional, pode usar livremente o jargão de sua profissão. Mas, se pedem a você para explicar esse princípio a um grupo de não-físicos, é preciso ajustar seu vocabulário e apresentar o material numa linguagem simples. Não adote linguagem técnica ou um "linguajar" específico somente para impressionar as pessoas. O ponto relevante aqui é a comunicação. Também é aconselhável evitar adotar um dos dois extremos: mostrar-se superior às outras pessoas ou inferior a elas.

Um ponto importante a ser ressaltado aqui: não é possível harmonizar nossa linguagem com a de nossa audiência se não a conhecemos bem. A primeira etapa do trabalho, então, é ter bom senso na composição e no *background* do grupo para o qual você discursará.

Evite linguagem vaga e ambígua

Vago e ambíguo são dois exemplos específicos de palavras que se referem ao tipo de linguagem que pode inibir uma comunicação clara e efetiva. A palavra "vago" vem do adjetivo latino *vagus*, que significa "viagem", enquanto a palavra "ambíguo" origina-se do verbo latino *ambigere*, que significa "vaguear". Palavras vagas e ambíguas e suas respectivas expressões passeiam entre muitas idéias, em vez de se estabelecerem definitivamente sobre uma ou outra idéia em particular. Todas compartilham o defeito de não ter um sentido determinado e inconfundível.

Uma palavra é vaga se seu referente é ofuscado. Não sabemos precisamente para o que a palavra está apontando. Consideremos as duas proposições: "Pessoas não gostam de música assim" e "Dizem que ele não vai disputar pela segunda vez". Uma reação natural à primeira proposição seria: "Que pessoas, e que tipo de música?" A reação à segunda proposição poderia ser algo do tipo: "De quem estão falando?" Nas duas situações, há incerteza quanto às assertivas por falta de informação precisa. Prefira proposições como: "Pessoas que foram treinadas no Conservatório de Música de São Francisco não gostam da música de West Cork" ou "O candidato do Comitê de Seleção do Partido Popular diz que não vai concorrer novamente". Agora, temos algo mais definido.

Como regra, quanto mais geral é o sentido da palavra, mais vaga ela é. Um preventivo seguro contra imprecisão é, então, fazer com que as palavras tenham um sentido mais preciso e o foco o mais definido possível. Seu leitor ou ouvinte não deve ser forçado a adivinhar o que exatamente suas palavras estão sugerindo. Se você tem a intenção de comunicar-se especificamente sobre cadeiras de balanço, ou cadeiras antigas, ou cadeiras de dentista, ou cadeiras elétricas, então use termos específicos para substituir o sentido mais geral de "cadeiras". Normalmente, o contexto no qual um termo geral aparece permitirá que sua audiência descubra seu referente, mas, se você tem alguma dúvida em relação a isso, utilize um termo específico.

Termos como "amor", "democracia", "honestidade", "igualdade", "bom" e "mal" podem ser vagos, não por falta de significado, mas por excesso. Portanto, duas pessoas podem usar o mesmo termo – "amor", por exemplo – e o entenderem de formas distintas ou até mesmo contraditórias. Por isso, é imperativo, quando usamos termos desse tipo, deixar explícito nosso entendimento. Antes de você tentar convencer uma audiência acerca da injustiça de determinada situação, deixe claro o que entende por injustiça.

Um termo ambíguo ("equívoco", na linguagem da lógica) é aquele que tem mais de um significado. O contexto, neste caso, não indica claramente qual é o significado pretendido. Um bilhete colocado em sua mesa de trabalho contém a seguinte mensagem: "Encontrei seu diretor e resolvemos fazer uma reunião em seu escritório às 15h." Ao ler o bilhete, você fica com a seguinte dúvida: a reunião vai ser no meu escritório ou no escritório do diretor? A maneira de evitar a ambigüidade, neste caso, é usar uma linguagem mais específica: "Encontrei seu diretor e decidimos fazer uma reunião no escritório *dele* às 15h" ou "Encontrei seu diretor e decidimos fazer uma reunião às 15h *aí* no seu escritório".

Evite linguagem evasiva

Para que sua audiência, que deve estar razoavelmente atenta, sempre entenda sua intenção, é necessário que você seja o mais direto possível no uso da linguagem. Não estou sugerindo que use palavras como "martelos de forja". Podemos ser perfeitamente claros sem precisarmos ser rudes ou cruéis.

Existe um lugar para eufemismo na linguagem. Mas precisamos ter cuidado para que o uso de um eufemismo não se torne uma maneira de escapar do que está realmente em questão. Considere uma expressão como "solução final", usada para encobrir um programa atroz de exterminação de uma população inteira. O problema da linguagem evasiva, a linguagem que não explica diretamente o que o falante ou o escritor tem em mente, é a sua duplicidade. Em primeiro lugar, e obviamente, pode enganar a audiência. Em segundo lugar, e de forma mais sutil, pode surtir um efeito nocivo para as pessoas que a usam, distorcendo o senso de realidade dessas pessoas. O usuário forma a linguagem, mas a linguagem também forma o usuário. Se adotarmos consistentemente um tipo de linguagem que serve para distorcer a realidade, podemos eventualmente passar a acreditar em nossa própria retórica distorcida. Quando ouvimos, pela primeira vez, termos como "revolução cultural" e "reeducação", eles podem ter parecido um tanto inofensivos. Depois, aprende-se que tais termos foram usados para mascarar um dos piores e mais brutais tipos de totalitarismo.

É imaturo usar a linguagem simplesmente para chocar. Mas a linguagem que choca é preferível à linguagem evasiva, no momento em que esta pode desiludir as pessoas em relação a idéias confusas e pode inteirá-las da verdade.

Verdade

A proposta do raciocínio lógico é chegar à verdade das coisas. Isto é geralmente uma tarefa árdua, pois a verdade pode, algumas vezes, ser bastante evasiva. Mas não perseguir a verdade seria absurdo, pois é a única coisa que dá significado a nossos esforços. Seria igualmente absurdo supor estarmos sempre em busca da verdade, sem nunca a alcançarmos, pois isso faria com que nossa atividade se esvaziasse, ou seja, se tornasse irracional, e transformasse a verdade numa quimera.

A verdade tem duas formas básicas: a verdade "ontológica" e a verdade "lógica". Dessas duas, a verdade ontológica é a mais básica. Quando nos referimos à verdade ontológica, estamos falando da verdade da natureza ou da existência. Algo é considerado uma verdade ontológica se realmente existe; se tem uma natureza real. O abajur de minha mesa é uma verdade ontológica porque está realmente lá. Não é uma ilusão. O oposto da verdade ontológica é a não-existência.

Verdade lógica, como você deve suspeitar, é a forma da verdade com a qual estamos mais diretamente preocupados enquanto lógicos. A verdade lógica é simplesmente a verdade das proposições. De um modo mais geral, poderíamos dizer que é a verdade que se manifesta em nosso pensamento e em nossa linguagem. Vamos examinar a noção de verdade lógica cuidadosamente, pois ela será muito importante para tudo o que se segue.

Lembre-se da definição de proposição dada anteriormente: uma expressão lingüística para a qual a reação "verdadeiro ou falso" seria apropriada. Afirmar uma proposição é dizer que ela é verdadeira; negar, é apontá-la como falsa.

Uma proposição é verdadeira se o que ela diz reflete realmente o caso. Considere a proposição "O barco está preso ao cais." Uma proposição é verdadeira se realmente existe um barco, se realmente existe um cais e se o barco está realmente preso ao cais. O que uma proposição verdadeira faz é manifestar, por meio da linguagem, uma correlação entre idéias da mente (fatos subjetivos) e as situações reais do mundo (fatos objetivos). A assertiva "O barco está preso ao cais" seria falsa se houvesse uma discrepância entre o que é dito e o que acontece realmente.

Confirmar a verdade de qualquer situação particular corresponde a determinar se o que uma pessoa acredita ser verdade, ou suspeita que possa ser verdade, tem uma base fática. O que devemos fazer é unir, numa justaposição harmoniosa, o subjetivo e o objetivo. Mas o foco da atenção aqui tem de ser a ordem objetiva das coisas. Se não tenho certeza da veracidade da proposição "O cachorro está na garagem", não vai me ajudar na solução da questão se tudo o que eu fizer for refletir sobre minhas próprias idéias de cachorros e garagens e as várias maneiras como podem relacionar-se umas com as outras. Preciso sair e checar a garagem. Neste ponto, já deve estar claro que, das duas formas de verdade, ontológica e lógica, a primeira é a mais básica. O que determina a veracidade ou a falsidade de uma proposição é o que realmente existe no mundo real. Verdade lógica, em outras palavras, baseia-se em verdade ontológica.

Uma mentira passa pela verdade. Mentir é um problema mais psicológico do que lógico. Quando eu minto, não tenho dúvidas em relação a uma situação que realmente existe no mundo real, mas, na minha proposição sobre aquela situação, eu, consciente e propositalmente, contradigo meu próprio conhecimento. Sei que a situação a ser expressa consiste em "A é B", mas minha proposição é "A não é B".

Verdade lógica, como vimos, é uma questão de correspondência entre o conteúdo de uma proposição (que reflete as idéias da pessoa que faz a proposição) e fatos objetivos. Essa compreensão da natureza da verdade, de forma óbvia, é chamada de "teoria da correspondência da verdade". Uma outra teoria, a "teoria da coerência da verdade", está subordinada à teoria da correspondência.

A teoria da coerência da verdade defende que qualquer proposição dada é verdadeira se encaixa harmoniosamente (é coerente com) uma teoria já estabelecida ou um sistema de pensamento. Tomemos como exemplo a Teoria Especial da Relatividade, de Einstein. Ela conclui que determinada proposição em relação à natureza do mundo físico é verdadeira porque o que diz é consoante com a Teoria Especial da Relatividade. O que faria disso uma conclusão logicamente respeitável é o fato de que a Teoria Especial da Relatividade, enquanto teoria, reflete a maneira como o mundo realmente *é*. Existe uma correspondência entre a teoria e a realidade objetiva. Então, podemos ver que a teoria da coerência da verdade, se corretamente aplicada, depende da teoria da correspondência da verdade, que permanece fundamental.

No entanto, precisamos estar atentos ao fato de que a teoria da coerência da verdade pode ser seriamente desvirtuada. Por exemplo, uma proposição poderia ser considerada verdadeira simplesmente em virtude do fato de que se encaixa em determinada teoria ou sistema de pensamento que não corresponde à realidade, ou corresponde apenas duvidosamente. No caso concreto, se a teoria econômica marxista pode ser considerada duvidosa, então a alegação de que certa declaração em relação a questões econômicas é verdadeira porque está de acordo com a teoria é, da mesma forma, duvidosa.

ETAPA DOIS

Os princípios básicos da lógica

Seja a lógica considerada uma ciência, uma arte, ou uma habilidade – e pode ser propriamente considerada nos três níveis –, é necessário haver princípios reguladores de idéias seminais que dêem forma ao empreendimento e guiem suas atividades. Nesta parte, abordaremos o mais básico dos princípios da lógica. Nosso foco será menos no pano de fundo teórico dos princípios da lógica e mais em suas aplicações práticas. O ideal é assimilar esses princípios a ponto de eles se tornarem uma segunda natureza sua, suavemente guiando seu pensamento, sem que você precise consultá-los conscientemente.

Primeiros princípios

Uma ciência é qualquer corpo organizado de conhecimentos que possui princípios. Os primeiros princípios de qualquer ciência são aquelas verdades fundamentais em que se apóia e em que todas as suas atividades se baseiam. A lógica, como ciência, tem seus princípios fundamentais, mas a lógica guarda uma relação única com todas as outras ciências porque os primeiros princípios da lógica aplicam-se não apenas à lógica, mas a todas as outras ciências. Na verdade, suas bases são mais abrangentes, porque se aplicam à razão humana como tal, embora isso deva ser exercitado. Dessa maneira, os termos "os primeiros princípios da lógica" e "os primeiros princípios da razão humana" podem referir-se a uma mesma coisa.

Existem quatro primeiros princípios da lógica (ou da razão humana); aqui, nosso foco é o princípio da contradição. Para situá-lo no contexto adequado, vamos inicialmente revisar os outros três princípios fundamentais da lógica.

- O princípio da identidade

Assertiva: Uma coisa é o que é.
Explicação: O todo da realidade existente não é uma massa homogênea. É uma composição de indivíduos, e os indivíduos são distintos entre si. Se uma coisa é o que é, obviamente, não é algo diferente do que é. Uma maçã é uma maçã. Não é uma laranja, uma banana ou uma pêra.

- O princípio do terceiro excluído

Assertiva: Entre o ser e o não-ser não existe um estado intermediário.
Explicação: Alguma coisa existe ou não existe; não existe meio-termo entre as duas posições. O abajur que está sobre a minha mesa está, de fato, lá ou não está. Não existe outra possibilidade. Devemos perguntar: E o tornar-se? O estado de se tornar não está entre as coisas que existem e as que não existem? A resposta é não. Não existem coisas tornando-se; existem apenas *coisas que se tornam.* O estado de tornar-se já faz parte do domínio da existência. O abajur no processo de ser feito ainda não é um abajur; no entanto, as partes que vão compô-lo é que realmente existem, e o "tornar-se" do abajur depende inteiramente da

existência dessas partes. Não existe, então, no sentido absoluto, passagem do não-ser para o ser.

Elaine, que se está tornando, a cada dia, uma musicista mais completa, por causa de seu treinamento assíduo, não poderia estar-se tornando uma musicista se já não fosse a Elaine. Não existe tornar-se em relação à própria existência da pessoa humana. Elaine "está-se tornando" relativamente, não absolutamente. Ela não está se tornando Elaine; ela está se tornando uma Elaine musicista mais completa. Mais uma vez, a idéia básica por trás do princípio do terceiro excluído é a de que não existem frestas entre o ser e o não-ser. O que chamamos de "tornar-se" não é uma passagem do não-ser para o ser, mas uma alteração de uma coisa ou de coisas que já existem para outras.

• O princípio da razão suficiente

Assertiva: Existe razão suficiente para tudo.
Explicação: O princípio poderia também ser chamado de "o princípio da casualidade". Ele explica que tudo o que realmente existe no universo físico tem uma explicação para a sua existência. O que o princípio sugere é que nada no universo físico se auto-explica ou é a causa de si mesmo. (Porque, para uma coisa ser a causa de si mesma, precisaria, de alguma maneira, anteceder a si mesma, o que é absurdo.) Uma coisa é considerada a causa de outra porque (a) explica a própria existência daquela coisa ou (b) explica por que a coisa existe dessa ou daquela determinada maneira, ou seja, o "modo" de sua existência. A mãe e o pai de Larry são a causa da existência dele; se não fosse por seus pais, Larry

não existiria. O treinador de tênis da época de escola é a causa de ele ser um bom jogador de tênis. O treinador é a causa de Larry ser de uma maneira particular – neste caso, um bom jogador de tênis. O treinador não o fez ser, como fizeram os pais de Larry, mas causou uma modificação no ser de Larry. (É claro, podem existir outras causas para que Larry seja hoje um bom jogador de tênis; assim, o treinador deve ser apenas uma entre muitas outras causas.)

• O princípio da contradição

Assertiva: É impossível alguma coisa ser e não ser ao mesmo tempo e do mesmo jeito.
Explicação: Esse princípio poderia ser considerado como uma expressão mais completa do princípio da identidade, pois, se x é x (princípio da identidade), não pode ao mesmo tempo ser não-x (princípio da contradição). A sentença "do mesmo jeito" na proposição refere-se ao modo de existência em questão. Não haveria contradição se alguma coisa fosse e não fosse ao mesmo tempo, mas de maneiras diferentes. Por exemplo, você pode estar fisicamente em Nova York neste momento e mentalmente a milhas de distâncias, em São Francisco. Mas não pode estar fisicamente neste momento (isto é, do mesmo jeito) tanto em Nova York quanto em São Francisco. Duas proposições estão em contradição se o que uma diz invalida completamente o que a outra diz. Por exemplo:

a) Alexander Hamilton era membro do gabinete de George Washington.

b) Alexander Hamilton não era membro do gabinete de George Washington.

As duas proposições não podem ser verdadeiras. Se uma é verdadeira, a outra tem de ser falsa, e vice-versa. Acontece que (a) é verdadeira; (b), portanto, é falsa.

A palavra "contradição" vem de raízes latinas, *contra* e *dicere* (dizer). Uma proposição contraditória, na prática, fala contra si mesma, pois está dizendo algo que não corresponde aos fatos objetivos. Evitar o uso da contradição, portanto, é simplesmente evitar a mentira. Se o objetivo primeiro da lógica é alcançar a verdade, então é evidente que nada poderia ser mais importante do que evitar o oposto da verdade.

Algumas vezes, usamos a contradição sem percebê-la como tal, porque não conhecemos a relevância dos fatos objetivos. Isto é desculpável desde que não sejamos responsáveis por nossa ignorância. Se vamos fazer proposições deliberadas sobre questões importantes em um contexto sério, precisamos ter certeza de que nossa proposição está de acordo com o que realmente é o caso. Isto demonstra, mais uma vez, a importância de se prestar atenção.

Algumas vezes, sustentamos proposições contraditórias e sabemos disso, ao menos em um dos níveis mais profundos de nossa consciência. A maioria de nós não poderia viver confortavelmente se tivesse o hábito de sustentar categoricamente proposições na parte frontal da consciência. Por exemplo, eu poderia não dizer explicitamente a mim mesmo: "Digo muitas mentiras de propósito para Stephanie" *e* "Nunca minto para Stephanie". O que eu faço, assumindo que a primeira proposição reflete fatos objetivos, é suprimir a segunda. Uma outra maneira de permitir que eu me prenda a proposições que contradizem os fatos é deliberadamente privar-me do exame dos fatos aos quais a proposição se refere. Essa atitude é expressa pelo trocadilho "Não me incomode com os fatos, eu já me decidi". Operações mentais desse tipo não são nem mesmo instâncias do raciocínio; trata-se de fugas do raciocínio. Obviamente, isto pode não ter nada a ver com lógica. Essas formas doentias de raciocínio podem ser chamadas de "racionalização". Racionalização é o raciocínio a serviço da mentira.

Agora que revisamos os primeiros princípios da lógica, estou assumindo que nada do que você acabou de ler o atingiu como algo inteiramente novo. Isto se deve ao fato de que esses princípios expressam verdades de que todos nós ficamos cientes muito cedo em nossas carreiras, como agentes conscientes e racionais. Existem algumas outras características sobre os primeiros princípios – todos os primeiros princípios – que precisam ser ressaltadas. Eles são evidentes por si mesmos. Por exemplo, a primeira vez que você leu o princípio da contradição, pode ter ficado intrigado por um momento. Mas, assim que percebeu seu significado, sua reação natural foi: "É claro."

Um outro traço dos primeiros princípios – e que resulta de eles serem evidentes por si mesmos – é que não podem ser provados. Isto significa que eles não são conclusões que resultam de premissas; não são verdades dependentes de verdades anteriores. Isto porque os primeiros princípios representam verdades absolutamente fundamentais. Eles estão "primeiramente" no sentido mais forte da palavra.

Considere o princípio da razão suficiente. Não posso provar que tudo o que existe demanda uma razão, nem preciso, desde que seja uma verdade por si mesma, para mim simplesmente, pela minha observação de como o mundo funciona. Ou vejo ou não vejo. Se os primeiros princípios de uma ciência não forem considerados evidentes por si mesmos e não forem aceitos de primeira, a ciência não poderia avançar. Pararia exatamente nesse ponto.

Áreas cinzentas reais, áreas cinzentas fabricadas

Uma área cinzenta é uma situação na qual a verdade não pode ser claramente definida. A vida é repleta delas, que devem ser encaradas com otimismo. Mas não dê importância demais a elas. Algumas pessoas ficam tão obcecadas pelas áreas cinzentas que eventualmente acabam por se convencer de que não existe nada *além* delas. Um pouco de realismo é necessário aqui. Precisamos reconhecer que muitas coisas são, de fato, claras e suficientemente definidas, e não enxergar isso é simplesmente não ver com clareza.

O cinza pode existir como cinza somente porque existem as alternativas distintas do branco e do preto. Eventualmente, você pode se encontrar numa situação em que não vê alternativas claras, mas isto não significa, objetivamente, que *não* existam alternativas claras. Significa tão-somente que você não consegue vê-las. Não projete seu estado subjetivo de incerteza no mundo em geral; clame por *status* objetivo para ele.

Não ter certeza em relação à verdade não é um estado agradável nem desejável, e devemos lutar constantemente para sair dessa condição. Mas, como uma suspensão da desaprovação enquanto envolvido em um estado de dúvida, considere o seguinte: você pode estar, exatamente agora, em dúvida sobre uma determinada questão, mas essa experiência só é possível porque você conhece a experiência oposta – a certeza. (O princípio é o seguinte: uma negativa só pode ser considerada como tal – "incerteza" – porque o oposto afirmativo já é conhecido.) Dessa forma, você sabe que a certeza é uma possibilidade real. Se a certeza é realmente uma possibilidade, então também é possível em relação ao fato sobre o qual você está em dúvida agora. Não existe nada para impedir, teoricamente, que algum dia você supere a incerteza em relação a uma questão particular vivenciada neste momento.

Finalmente existe uma explicação para tudo

O princípio da razão suficiente nos diz que as coisas não acontecem simplesmente. Elas são motivadas a acontecer. Não sabemos a causa de tudo, mas sabemos que tudo tem uma causa. Boa parte de nossa energia como seres racionais é dedicada à procura de porquês. Queremos saber por que as coisas acontecem. O conhecimento das causas, simplesmente de um ponto de vista teórico, pode ser gratificante, já que conhecer a causa conduz a uma compreensão mais profunda das coisas. Mas o conhecimento das causas também tem implicações práticas que variam muito, pois, em muitas ocasiões, conhecer a causa representa poder controlá-la, e controlar a causa é controlar o efeito. Se sabemos que certa bactéria é a causa de uma doença em particular, estaremos em condições de eliminar a doença (efeito) anulando a atividade da bactéria.

Quando procuramos as causas, obviamente, começamos pelos efeitos. Somos confrontados por um fenômeno de um tipo ou de outro – um objeto, uma circunstância, um acontecimento – e buscamos uma explicação para isso. Não temos dúvida de que estamos lidando com fatos objetivos; nossa dúvida diz respeito apenas a como aqueles fatos vieram a ser. Nossa busca segue uma direção rigorosa por causa do princípio de que existe uma similaridade rudimentar entre toda causa e efeito. Isto significa, em termos de causa, que ela deve ser capaz de motivar apenas os tipos de efeitos que estamos testemunhando. E, dessa forma, deixa sua marca peculiar no efeito. Assim, todo efeito, em um ou em outro momento, reflete a natureza de sua causa.

Quais são as implicações práticas disso? Não posso saber diretamente qual é o efeito de uma causa quando é exatamente aquela causa que estou procurando, mas posso ter um conhecimento indireto de sua capacidade causal a partir do efeito que está diante de mim. É pela cuidadosa avaliação da natureza do efeito que posso conhecer a natureza da causa, e esse conhecimento vai guiar minha busca.

Digamos que eu esteja estudando. Ouço um barulho estranho vindo da cozinha. Vou investigar. No chão, está derramado o leite da garrafa que eu havia cuidadosamente deixado sobre a pia. Isso é um fato objetivo em questão: o efeito. Qual é a causa? Na pia, vejo três formigas perto da garrafa. As formigas? Não, elas não teriam sido capazes de provocar um efeito dessa magnitude. Percebo que meu canário está fora da gaiola e pousado em cima da geladeira. O canário? Mais uma vez, não. O efeito está além das capacidades do canário. Depois, pela janela, vejo, no jardim, o gato do vizinho. Ah! Embora não possa ter certeza de que o gato tenha sido a causa do leite derramado, ao menos sei que ele seria capaz de provocar tal efeito. Preciso fazer outras investigações, mas, neste momento, posso ao menos considerar o gato uma possível causa do leite derramado. Ele está sob sérias suspeitas.

Não interrompa a busca das causas

Freqüentemente, as causas se organizam em série. Por exemplo, vamos supor que eu tenha uma situação em que A é a causa de B. Em seguida, notamos que B é, por sua vez, a causa de C. Terminamos com uma seqüência que pode ser diagramada da seguinte forma:

$$A \rightarrow B \rightarrow C$$

Agora, vamos supor que C represente uma circunstância problemática e que requeira solução imediata. Sabendo que C foi causado por B, decidimos concentrar nossa atenção em B, guiados pelo princípio de que a maneira correta de lidar com os problemas é checando suas causas.

A lógica que está sendo seguida é recomendável até aqui, mas não vai adiante. Embora seja verdade que B é a causa imediata de C, não é a causa definitiva. A seqüência causal começa em A e, assim, essa é a origem do problema C.

B é claramente a causa imediata de C, então, se C é problemático, isso significa que há alguma coisa problemática em relação a B. Mas, por B ser um efeito, o que quer que possua de problemático tem de ser localizado em sua causa A. O problema com C não será efetivamente discutido até que a fonte principal do problema com A seja cuidada.

Vamos ver se colocamos isso numa linguagem mais clara. Sam percebe um cheiro ruim na cozinha. Investigando, descobre que o balde que colocara no armário debaixo da pia estava com água cheirando mal até a borda. Ao esvaziar o balde, o mau cheiro vai embora. Mas vai retornando aos poucos, à medida que o balde enche novamente. Agora, Sam poderia continuar esvaziando o balde regularmente para, assim, resolver o problema do mau cheiro, mas ficaríamos pouco dispostos a dar notas altas para sua inteligência se ele ficasse satisfeito com essa solução. A única maneira de resolver o problema, de uma vez por todas, é chegar à origem do problema e arrumar os canos estragados, que são a explicação para o balde encher continuamente.

Algumas vezes, nosso insucesso em encontrar a origem das causas das coisas é atribuível à simples preguiça.

Não levamos a investigação longe o suficiente. Outras vezes, é a impaciência que conspira contra nós. Somos tão pressionados pela necessidade de tomar uma providência que nos conformamos com soluções rápidas, medidas do tipo quebra-galho, enquanto o problema principal permanece essencialmente intocado.

Distinção entre as causas

Até aqui, tratamos principalmente do que chamamos de "causa eficiente". A causa eficiente, reformulando o que foi dito mais cedo, é um agente cuja atividade traz algo à existência ou que modifica sua existência de uma ou outra maneira. Além da causa eficiente, temos a "causa final", a "causa material" e a "causa formal". Nem todo tipo de causa pode ser aplicado a tudo que estamos tentando analisar em função da causalidade, mas, quanto mais tipos de causa podemos identificar, mais pormenorizada é a nossa compreensão em relação a algum fato.

A causa final, quando aplicada a uma atividade, é o objetivo da atividade; quando aplicada a um objeto, é o uso que pode ser feito desse objeto. A causa material é a substância da qual o objeto é composto. A causa formal é a natureza que identifica uma coisa, que faz com que ela seja precisamente o que é.

Vamos analisar uma gaiola em função das quatro causas. Sua causa eficiente é Fred, que foi quem a construiu. Sua causa material é madeira, o metal dos pregos, parafusos e grampos e a pintura. A causa formal é a configuração peculiar de seu material, que faz com que ela seja uma gaiola, e não um arquivo ou um canteiro de janela. A causa final é providenciar abrigo e lugar para os pássaros fazerem seus ninhos.

Como já mencionado, nem tudo pode ser analisado em função das quatro causas. Uma idéia matemática (ou qualquer idéia) não teria uma causa material, pois as idéias são imateriais. Um matemático aparece com uma certa idéia; ele seria sua causa eficiente. A causa formal seria a natureza específica da idéia (por exemplo, sobre círculos concêntricos) e a causa final, vamos dizer, é contribuir para a solução de um problema matemático, que já existe há muito tempo, relacionado à concentricidade e à circularidade.

Na causalidade eficiente, é possível fazer uma distinção entre a "causa principal" e a "causa instrumental". Dizemos que um escultor é a causa principal de uma estátua de mármore porque é a explicação básica para a sua existência. Mas ele não é a única explicação, pois precisou de ferramentas para fazer a estátua. Em certo sentido, aquelas ferramentas produziram a estátua, embora de uma maneira subordinada – como instrumentos nas mãos do escultor. Os instrumentos são os meios através dos quais a causa eficiente principal provoca determinado efeito.

Embora as causas instrumentais estejam subordinadas às causas principais, em muitos casos não são menos necessárias. Um grande violoncelista precisa, necessariamente, de seu instrumento se quiser produzir lindas músicas no violoncelo. A causa instrumental é passiva e não pode iniciar a ação da qual é capaz. Um violoncelo não pode tocar por si só. A qualidade tanto da causa principal quanto da instrumental guarda relação com a qualidade do efeito. O melhor violoncelo já feito não vai produzir a melhor música já executada nas mãos de um violoncelista de talento limitado. E o melhor violoncelista do mundo será impedido de tocar a música requintada que deseja, e a qual é capaz de executar, se tiver de tocar em um instrumento de qualidade inferior.

Embora ambas as causas – principal e instrumental – sejam necessárias, a principal é a mais importante – algo que tendemos a esquecer quando enfatizamos demais a importância da causa instrumental. Sem dúvida, é necessário providenciar os melhores instrumentos possíveis, mas é igualmente importante providenciar os melhores instrumentistas possíveis. Repetindo: os melhores instrumentos em mãos incompetentes não produzem os melhores efeitos. Ainda existe algo mais a ser considerado: uma causa principal competente, mesmo com instrumentos inferiores, pode fazer coisas que uma causa principal incompetente não poderia fazer nem mesmo com o melhor dos instrumentos.

Defina seus termos

A maneira mais eficaz de evitar imprecisão ou ambigüidade no discurso lógico é definir os termos a serem usados. Falamos em definir termos, mas, na verdade, o que estamos definindo são os objetos aos quais os termos (palavras) se referem. O processo de definição – as mecânicas desse processo – é a maneira como relacionamos certo objeto (o objeto a ser definido) a outros objetos e, desse modo, damos a ele uma "posição" precisa. Definindo um termo ou uma palavra, nós o relacionamos tão rigorosamente quanto possível ao objeto ao qual se refere. Existem dois benefícios práticos imediatos em definir os termos. Nossas próprias idéias são clareadas e, como resultado, podemos nos comunicar com mais eficiência. Termos como "justiça", "beleza" e "sabedoria", que tendem à imprecisão, demandam uma necessidade especial de definição.

A definição lógica de termos é um processo de dois passos. Passo 1: coloque o termo a ser definido em seu "gênero próximo". Passo 2: identifique a "característica peculiar" do termo.

O gênero próximo é aquela enorme classe de objetos à qual o objeto em questão pertence, porque compartilha da mesma natureza dos outros membros dessa classe. A definição clássica de Aristóteles para homem é "animal racional". Nessa definição, "animal" é o gênero próximo: a classe mais imediata à qual o "homem" pertence. Por quê? Porque o homem compartilha uma natureza animal com os outros membros dessa classe. Aristóteles não escolheu uma classe como "organismo vivo", "substância física" ou coisa, porque estas seriam gerais demais. O "homem" que ele queria definir teria sido agrupado com vários tipos de objetos com os quais ele não compartilha uma natureza.

Considere uma variedade de brinquedos numa grande caixa na sala de uma casa localizada em determinada cidade. Poderíamos dizer que os brinquedos estão na caixa, ou na sala, ou na cidade. Todas as proposições seriam verdadeiras. Mas a caixa seria comparável ao gênero próximo. Existem diferentes tipos de brinquedos, mas, porque todos são brinquedos, pertencem à caixa de brinquedos. Isto é, à sua própria "classe".

A diferença específica é a característica (ou as características) que separa o objeto que queremos definir dos outros objetos do gênero. Na definição de homem de Aristóteles, uma única característica, racionalidade, é citada como diferenciadora do homem em relação a todos os outros animais. A diferença específica literalmente *especifica*; isto é, identifica determinada espécie e a separa das outras espécies de seu gênero. Quando definimos alguma coisa, o que estamos tentando fazer é simplesmente identificá-la mais precisamente – primeiro, agrupando-a com outras coisas que são, em geral, parecidas com ela; depois, percebendo o que é único a ela (diferença específica), em comparação com as outras coisas do grupo.

Vamos tentar com dois termos controversos.

a) Termo a ser definido: justiça.

Passo 1: "Justiça é uma virtude social..."
Passo 2: "...na qual cada indivíduo dá ao outro aquilo que lhe é de direito."

Comentário: "Virtude social" é a categoria certa (gênero próximo) para colocar nosso termo porque fornece uma descrição geral precisa. Categorias como "mineral", "instituição" ou "acontecimento" estariam, obviamente, erradas para o termo. Categorias como "algo", "conceito" ou "fenômeno" seriam amplas demais; elas perderiam a qualidade de proximidade (como em "gênero próximo"). Mas, embora justiça seja uma virtude social, não é a única existente. O que, então, a distingue de outras virtudes sociais, como cortesia, generosidade ou tolerância? A diferença específica que apontamos na definição determina sua unicidade como virtude social de maneira adequada.

b) Termo a ser definido: medo.
Passo 1: "Medo é uma emoção..."
Passo 2: "...que nos faz recuar ante a noção de perigo."

Comentário: "Sentir apetite" é outra expressão que poderia ser usada para identificar um gênero próximo. A diferença específica é bem-sucedida em nos dizer precisamente com que tipo de emoção estamos lidando.

As duas palavras fortes usadas por Aristóteles para definir homem – animal racional – ganharam *status* clássico. "Animal" é o gênero próximo; "racional" é a diferença específica. Mas raramente podemos definir algo com esse tipo de economia. Na definição de "automóvel", por exemplo, dar o primeiro passo seria fácil: "veículo". Mas, depois, teríamos de surgir com diversas diferenças específicas para distingui-lo precisamente dos outros tipos de veículos que existem no mundo.

O valor especial da definição lógica é que ela revela a natureza exata do objeto definido. No entanto, tal definição não é sempre possível, quando ainda não nos sentimos familiarizados o suficiente com um objeto para determinar sua natureza exata. Em tal caso, podemos definir o objeto de uma maneira mais livre, por descrição. Uma boa descrição nos dá um relatório tão completo e detalhado das características observáveis de um objeto quanto possível. O esperado é que essa descrição forneça algumas indicações reveladoras quanto à natureza do objeto em questão.

A proposição categórica

O objetivo do processo de raciocínio, a principal preocupação da lógica, é a demonstração. Não estou lhe dizendo simplesmente que, quando *afirmo* que o assunto tal é verdade, espero que você aceite isso como verdade somente porque eu disse. Tenho de *mostrar* que o assunto tal é verdade e faço isso argumentando. Um argumento será tão bom quanto as proposições pelo qual for composto, que, por sua vez, serão tão boas quanto os termos pelos quais forem compostas. Tudo isso foi dito com um argumento em minha mente. Argumento é a atividade da lógica, e qualquer argumento particular é uma manifestação concreta do processo de raciocínio. O próximo passo do processo será olhar com mais atenção para a proposição, mais especificamente para a "proposição categórica". A proposição mais efetiva é aquela cuja conclusão é uma proposição categórica. Uma proposição categórica nos diz que algo definitivamente é o caso. Por exemplo: "O rádio está no banco traseiro do carro." Temos certeza da situação descrita aqui. Mas, se alguém diz: "Talvez o rádio esteja no banco traseiro do carro" ou "O rádio pode estar no banco traseiro do carro", toda a certeza se esvai. Essas não são proposições categóricas, e somos deixados na dúvida sobre qual é realmente o caso. Um argumento categórico (formado por proposições categóricas) é, então, o mais efetivo dos argumentos porque nos fornece certo conhecimento. Mas é a situação real que determina se podemos ou não usar proposições categóricas. Por exemplo, se eu tenho uma dúvida legítima acerca do paradeiro do rádio, seria irresponsável de minha parte afirmar categoricamente que ele está na parte traseira do carro. Mas sempre que a situação me certifica disto, isto é, sempre que temos certeza absoluta, devemos expressar essa certeza categoricamente.

Uma palavra de advertência. Uma proposição pode ser categórica na forma, mas pode não expressar qual é o caso *do ponto de vista objetivo.* Uma pessoa pode dizer: "O Chicago Cubs é o melhor time de beisebol." Esta é uma proposição categórica, mas transmite que seu enunciador não tem dúvida alguma em relação a uma questão particular. Ela revela qual é o caso subjetivamente, pois declara qual é, de fato, a opinião do falante. No entanto, não se refere a qualquer circunstância objetiva.

Generalizar

Uma proposição geral é aquela cujo assunto tem um alcance muito amplo. Tal proposição não é necessariamente imprecisa. "Cavalos são vertebrados" e "Casas são habitações" são proposições gerais, e não há razão alguma para discutir a reivindicação que estão fazendo. O que faz uma proposição geral bem fundada é o fato de que aquilo que está sendo atribuído à classe representada pelo sujeito é (a) verdade e, (b) de fato, aplica-se à classe inteira.

Numa proposição como "Cavalos são vertebrados", a suposição é que cada e todo membro da classe especificada pelo sujeito ("cavalos") estão em questão. Mas a linguagem da proposição não deixa isso explícito. Para eliminar qualquer dúvida em relação à questão, adicionamos o qualificador "todos" à proposição: "Todos os cavalos são vertebrados." E, se não tivermos a intenção de nos referir a cada e qualquer membro da classe do sujeito, então precisamos ser específicos em nossa linguagem: "Algumas casas são bangalôs."

A linguagem explícita em proposições gerais é importante porque previne qualquer tipo de confusão por parte da audiência. Algumas pessoas não usam deliberadamente os qualificadores lingüísticos ("todos", "alguma") porque pretendem ampliar o que estão dizendo a uma classe inteira sem deixar isso claro. Na maioria dos casos, uma proposição como "Cartagineses são cruéis e estúpidos" diz respeito a *todos* os cartagineses. Se a pessoa que faz tal alegação é repreendida, pode usar como desculpa o fato de não ter dito *todos* os cartagineses são cruéis e estúpidos. Na verdade, não disse, mas sugeriu.

Existem dois tipos de proposições gerais: a universal e a particular. Uma "proposição universal afirmativa" é uma proposição com "todos" e "todo" ("Todas as baleias são mamíferos"). Ela afirma algo sobre uma classe inteira. Uma "proposição universal negativa" é uma proposição com "nenhum" ("Nenhum peixe tem pés"). Ela nega algo de uma classe inteira. Uma "proposição particular", negativa ou afirmativa, não se refere a todo ou todos os membros de uma classe especificada pelo sujeito. Ela é geralmente marcada pelo qualificador "alguns" ("Alguns mamíferos são vegetarianos"; "Algumas batatas não estão frescas"). Mas as proposições "A maioria dos americanos adultos dirige carros" e "A maior parte da turma dos calouros votou em Peterson" são também proposições particulares. Desde que a classe *inteira* não seja mencionada, a proposição é particular. Seja grande ou pequena, uma parte é uma parte.

Quando nos referimos a uma proposição universal ou particular, estamos preocupados com o que, na linguagem da lógica, chamamos de "quantidade" da proposição. A "proposição singular" contrasta com a "proposição geral"; ela se caracteriza pelo fato de que o sujeito é um indivíduo. "Mary é de Maryland" é uma proposição singular; assim como a proposição "Wrigley Field fica em Chicago".

"Proposições universais", afirmativas ou negativas, são muito precisas. Estão afirmando ou negando algo referente a uma classe inteira, sem exceções. Proposições particulares, ao contrário, são normalmente um tanto vagas. "Algum" cobre um grande território; poderia significar 99 por cento ou nove por cento. Mas é possível que uma proposição particular seja bem precisa: "Dezesseis por cento dos corredores terminaram a corrida em menos de duas horas." Seja sempre tão preciso em suas proposições em relação às coisas quanto seu conhecimento sobre elas permita.

ETAPA TRÊS

Argumento: a linguagem da lógica

A EXPRESSÃO CONCRETA DO RACIOCÍNIO LÓGICO É O ARGUMENTO. Um argumento se sustenta ou cai à medida que o raciocínio que incorpora é bom ou ruim. Nesta parte, examinaremos tudo o que se refere à elaboração de um argumento lógico e efetivo.

Fundamentar um argumento

Lembre-se da referência que fizemos anteriormente ao processo elementar do raciocínio, o processo inferencial, por meio do qual vamos de uma idéia inicial, que é reconhecida como verdadeira, para uma segunda idéia, que é reconhecida como verdadeira por força da primeira. Este processo representa o cerne da argumentação. Argumentos, como vimos, são compostos por proposições, e são as proposições dentro de um argumento que carregam as idéias com as quais o processo inferencial está preocupado.

Argumentos podem ficar complicados, principalmente em razão do número de proposições que podem conter, mas cada argumento, não importa o quão complicado seja, é essencialmente simples em seu caráter essencial. Cada argumento é composto por dois elementos básicos, dois diferentes tipos de proposições: uma proposição "premissa" e uma proposição "conclusão". Uma premissa é uma proposição que sustenta. É o ponto inicial de um argumento que contém a verdade conhecida, da qual parte o processo inferencial. Uma conclusão é uma proposição sustentada, a proposição aceita como verdade na base da premissa. Proposições complicadas normalmente resultam do grande número de premissas, como mencionado, e de como essas premissas relacionam-se umas com as outras. Você pode ter um conjunto de premissas em que uma se constrói sobre a outra; assim, essas premissas precisam ser organizadas numa seqüência apropriada. Por exemplo: "Porque o prego saiu da ferradura, porque a ferradura caiu, porque o cavalo ficou manco, porque o cavalo caiu e jogou o general, porque o general foi capturado, a batalha foi perdida." É raro haver múltiplas conclusões em um único argumento. E, na verdade, isso deve ser evitado. Uma única conclusão é sempre melhor. Essa é apenas outra maneira de dizer que os argumentos mais efetivos são aqueles que tentam chegar a um único ponto.

O argumento mais simples é aquele composto de duas proposições: uma proposição que sustenta, ou premissa, e uma proposição sustentada, ou conclusão. Geralmente, o contexto do argumento vai permitir que você afirme o que é o quê, mas ligamos os chamados "indicadores lógicos" às proposições para marcar, com clareza, se são premissas ou conclusões. Indicadores lógicos comuns de premissas são "porque", "já que", "por causa de". Indicadores lógicos comuns de conclusões são "portanto", "desse modo", "de maneira que". Expressões mais elaboradas podem ser usadas para anunciar premissas ("em vista do fato" etc.) e conclusões ("isso necessariamente resulta" etc.). Considere o simples argumento explicativo a seguir:

> Porque estava constantemente discutindo com seu chefe, Dave foi transferido para o escritório de Houston.

Comentário: O argumento não está tentando comprovar um fato, a transferência de Dave, mas explicá-lo, dar a razão de sua ocorrência. A primeira proposição, a premissa, é oferecida como uma informação de suporte. Se a aceitarmos como verdade, entenderemos o porquê da transferência.

A premissa é o alicerce do argumento. A firmeza desse alicerce vai depender inteiramente da verdade da premissa. A primeira parte da construção de um argumento bem fundado é garantir a verdade da premissa. No argumento acima, se não é verdade que Dave constantemente discutisse com seu chefe, então permanecemos sem uma explicação para o motivo de sua transferência. Além da necessidade imperativa de que seja verdade, uma premissa, para fornecer um firme alicerce para um argumento, tem de ter um alcance extenso o suficiente para conter a conclusão. Este é um ponto que vamos discutir em "Forma argumentativa" e "Conclusões têm de refletir a quantidade de premissas".

Do universal ao particular

A natureza de uma proposição universal é tal que, se for verdadeira, uma proposição particular com o mesmo sujeito e predicado também é verdadeira. Então, se é verdade que todo cachorro é carnívoro, então é verdade que alguns cachorros são carnívoros. Se nenhum macho é mãe, então que alguns machos não são mães também é verdade. Essas não são conclusões nem muito informativas nem muito interessantes, mas as deduções simples que as produzem são válidas neste momento porque nos fornecem um exemplo vivo da necessidade da argumentação. Dada a verdade da premissa de que todos os cachorros são carnívoros, não pode haver qualquer dúvida em relação à verdade da conclusão de que alguns cachorros são carnívoros. E não há escapatória da verdade de que alguns machos não são mães, uma vez que reconhecemos que nenhum macho é mãe. Essas conclusões, como dizemos, acontecem necessariamente. Uma "conclusão necessária" é aquela da qual não é possível duvidar – ela é certa.

A lógica por trás do processo do universal para o particular, e a necessidade de vínculos, é simples o bastante. Se eu sei que alguma coisa é verdade em relação a um grupo inteiro, então também tem de ser verdade em relação a qualquer parte do grupo.

Do particular ao universal

O processo do universal para o particular garante uma conclusão necessariamente verdadeira. O processo do particular para o universal não oferece tanta garantia. O conhecimento de uma parte não me permite dizer nada de definitivo sobre o todo. Em algumas instâncias, qualquer tentativa de fazer esse processo produziria uma conclusão evidentemente falsa. "Algumas mulheres são mães" é uma proposição sobre cuja verdade eu posso ficar perfeitamente confiante. Mas não posso usar tal proposição para sustentar a proposição de que todas as mulheres são mães. Isto nos mostra que não é suficiente para que uma premissa seja verdadeira usar um alicerce firme para um argumento. Deve haver também um alcance suficientemente extenso para abranger a conclusão, e isso é precisamente o que não pode acontecer se a premissa é uma proposição particular e a conclusão uma proposição universal. O todo pode conter uma parte, mas uma parte não pode conter o todo.

Existe algum meio legítimo para nos movimentarmos do particular para o universal? Sim, desde que tomemos cuidado para não reivindicar algo além do que a evidência nos permite. Não podemos apresentar certas conclusões, mas podemos sugerir prováveis conclusões. O processo aqui, em outras palavras, tem de ser cuidadoso. Se todo cidadão de County Clare que encontrei – e vamos dizer que tenha sido um bom número – tem cabelos ruivos e olhos verdes, não seria totalmente irresponsável de minha parte dizer algo como: "É possível que todo cidadão de County Clare tenha cabelos ruivos e olhos verdes." Se minha suposição está certa, é outra história.

É um erro muito óbvio reivindicar que alguma coisa é necessariamente verdade para um grupo inteiro só porque é verdade para uma parte do grupo. Mas esse erro merece atenção especial porque, em razão de sua obviedade, é um erro no qual estamos constantemente recaindo. São erros favoritos da família humana.

Predicação

Uma proposição, lembramos, é uma expressão lingüística que contém uma declaração que pode ser afirmada ou negada. Do ponto de vista gramatical, toda proposição é composta por sujeito e predicado. O elemento sobre o qual se enuncia algo é o sujeito; o que é dito é o predicado. "Predicação", então, é o processo de conexão de idéias, por meio do qual atribuímos alguma coisa a outra. "Lorraine é o assistente do diretor." Nessa proposição, a idéia de ser assistente do diretor é afirmada acerca do sujeito Lorraine.

Se predicação é o processo de unir as idéias e acoplá-las, então o padrão de predicações lógicas é que as idéias que são unidas pertencem umas às outras. Idéias pertencem umas às outras se sua conexão gramatical reflete uma conexão real na ordem objetiva das coisas. Na proposição "Sarampo é contagioso", a questão do contágio é afirmada acerca do sujeito sarampo. Essa é uma predicação bem fundada porque o sujeito e o predicado realmente pertencem um ao outro. A proposição reflete uma conexão real. O mesmo pode ser dito para a proposição "Ulysses S. Grant nasceu em Ohio". Nasceu em Ohio é predicado do sujeito Grant, porque a proposição reflete exatamente a realidade.

Como se pode ver, então, predicações bem fundadas resultam em proposições verdadeiras. Ao contrário, predicações que não são bem fundadas resultam em falsas proposições. "Jane Austen escreveu o romance *Persuasão* em New Hampshire" é falso porque escrever *Persuasão* em New Hampshire não pode ser afirmado acerca do sujeito Jane Austen.

Proposições negativas

"Proposições afirmativas" conectam idéias; "proposições negativas" desconectam idéias. Uma "proposição negativa universal" desconecta completamente as idéias ("Nenhum filósofo é infalível"); uma "proposição negativa particular" desconecta idéias de forma incompleta ("Alguns californianos não lêem Dickens").

Quando dizemos que uma proposição pode ser afirmada ou negada, estamos simplesmente dizendo que pode ser verdadeira ou falsa. A negação de uma proposição, então, significa simplesmente declarar que ela é falsa. Uma proposição pode ser falsa independentemente de ser afirmativa ou negativa. (Quando falamos, na linguagem lógica, da "qualidade" de uma proposição, estamos nos referindo ao fato de ela ser afirmativa ou negativa.) "Herman Melville nunca foi presidente dos Estados Unidos" é verdadeiro; "*Moby-Dick* não é sobre baleia" é falso.

Proposições negativas podem, às vezes, ser complicadas, e temos de ser cuidadosos quando as usamos. Precisamos ter certeza de que estão realmente dizendo o que temos a intenção de que elas digam. Considere a proposição: "Todos os cachorros não são vira-latas." Notamos "todos", um sinal de universalidade, e o indicador negativo "não", e ficamos tentados muito rapidamente a supor que o que temos aqui é uma proposição negativa universal. Na verdade, trata-se de uma proposição negativa particular. Numa proposição negativa universal, uma completa ruptura é feita entre o sujeito e o predicado, mas não é isso que está acontecendo nessa construção. A chave para a mensagem negativa da proposição pode ser expressa na expressão "nem todos". "Nem todos" (ou "nem todo") não significa a mesma coisa que "nenhum"; é traduzido como "alguns". O predicado da proposição (vira-latas) não está sendo separado da classe inteira representada pelo sujeito ("cachorro"), mas de apenas uma parte dela. O que a proposição, então, está dizendo é: "Alguns cachorros não são vira-latas."

Se todas as coisas são equivalentes e a mesma idéia pode ser comunicada tanto afirmativa quanto negativamente, é melhor optar pela construção afirmativa. Considere as duas proposições: "Alguns dos estudantes são dedicados" e "Alguns dos estudantes não são dedicados". De um ponto de vista estritamente lógico, as duas proposições estão fazendo a mesma coisa – estabelecendo uma separação parcial entre o sujeito e o predicado. Mas existe uma diferença sutil entre as duas proposições. A proposição afirmativa é mais direta e enfática (isso é verdade em relação a todas as proposições afirmativas). Porque a ênfase maior no que *é* o caso em relação ao que *não* é o caso evoca uma reação positiva. A proposição negativa, por enfatizar o que *não* é o caso, leva-nos a pensar nos termos negativos da situação em foco.

Proposições negativas podem ser usadas efetivamente como corretivas a proposições falsas. "Nem todo artista é neurótico" e "Todo artista não é neurótico" são as duas reações próprias para a afirmação generalizada "Todo artista é neurótico". No discurso lógico, a clareza tem de ser considerada sempre em primeiro lugar, mas criamos a possibilidade de confusão quando incorporamos elementos negativos a uma proposição que tem a intenção de comunicar uma mensagem afirmativa. "Não é injusto cobrar multa" significa a mesma coisa que "É justo cobrar multa", mas esse significado é transmitido mais clara e diretamente na segunda proposição.

Mas não queremos ser tão rígidos em nossas considerações lógicas de linguagem, para não negarmos o lugar para o circunlóquio que faz uso da negação. "Foi uma decisão estúpida" é uma proposição clara, mas também um pouco rude demais. Em prol da relação humana amistosa, é melhor que eu diga: "A decisão talvez não tenha sido a mais prudente a ser tomada naquele momento." Mas relutamos em anunciar regras rígidas aqui. As circunstâncias devem ditar o grau de franqueza na linguagem adotada. A linguagem rude não precisa ser peremptoriamente evitada, já que cabe em determinadas circunstâncias.

Fazer comparações

A mente humana é estimulada pela comparação. Na verdade, o pensamento seria impossível sem ela. É por meio do ato mental de comparação que percebemos as similaridades e as diferenças entre as coisas.

Uma "proposição" é a expressão lingüística da comparação mais fundamental que a mente faz quando relaciona uma idéia (o sujeito) com outra (o predicado). Chamamos "julgamento" o ato mental pelo qual ligamos idéias de uma maneira que nos possibilita construir proposições coerentes em relação ao mundo em que vivemos. Tendo em vista que o julgamento é o alicerce da proposição, o que dissemos até agora sobre proposições aplica-se, necessariamente, aos julgamentos. Um julgamento é bem fundamentado à medida que a relação que estabelece entre duas idéias reflita uma relação real no mundo objetivo.

A comparação refletida na proposição é fundamental. Nela, está a origem de toda a complexa série de outras comparações que fazemos entre duas ou mais proposições que, juntas, constituem o conteúdo de nosso pensamento. Se não pudéssemos ver conexões entre duas ou mais coisas como resultado do ato de comparação, nosso pensamento seria completamente incoerente. Poderíamos ter idéias, mas cada idéia seria uma entidade isolada. Não veríamos como uma idéia se conecta com outra para refletir as conexões obtidas entre os objetos exteriores à mente.

Quando olhamos para duas coisas com o objetivo de compará-las, podemos descobrir que ambas são completamente semelhantes ou uma combinação de semelhanças e diferenças. (É claro que podemos fazer comparações entre um infinito número de coisas, mas, para simplificar, falo apenas de duas coisas.) Qual seria a base para a conclusão de que duas coisas que estamos comparando são completamente parecidas? Seria o fato de que toda característica observável que percebemos na primeira coisa combine com a segunda por uma característica similar. Considere, por exemplo, duas máquinas de café produzidas em massa que sejam idênticas em todos os detalhes.

Os julgamentos "um tanto parecido" e "um tanto diferente" quase nunca são perfeitamente equilibrados entre características similares e diferentes. As características similares preponderam sobre as diferentes, ou vice-versa. Mas, qualquer que sejam as particularidades, aqui também o julgamento como tal se baseia na consideração cuidadosa das características observáveis.

E em relação ao julgamento de que duas coisas são totalmente diferentes? Como se justifica? Pareceria, se o julgamento "completamente iguais" fosse justificado pelo fato de que as duas coisas em foco têm em comum todas as características observáveis, que o julgamento "completamente diferentes" estaria baseado no fato de que as duas coisas em questão não têm características observáveis em comum. Mas é sempre esse o caso? Vamos dizer que, em vez de compararmos duas máquinas de café padronizadas, comparemos uma máquina de café e uma torradeira. Obviamente, elas diferem em muitos aspectos. Mas também podem ser observadas semelhanças reais. Para começar, ambas são aparelhos elétricos. Além disso, podem ter a mesma cor, o mesmo peso ou o mesmo material de fabricação.

(Observe este fato em relação ao julgamento "completamente parecidos": duas coisas não podem ser tão parecidas a ponto de deixarem de ser duas coisas. Se duas coisas fossem idênticas no sentido literal, haveria apenas uma coisa.)

(Agora, observe em relação ao julgamento "completamente diferentes": duas coisas não podem ser tão diferentes a ponto de não compartilharem o ato elementar da existência. Se, comparando A e B, for declarado que B é "totalmente diferente" de A, então haveria apenas uma coisa, A, já que B não existiria.)

Comparando duas coisas, especialmente grandes, coisas complexas como eventos históricos, temos de ser cuidadosos para não nos precipitarmos em julgar que temos uma comparação convincente ("os dois eventos são muito parecidos") simplesmente por causa do grande número de características similares observadas. Não deve ser o número de características similares a decidir a questão, mas a *significação* dessas características. Uma característica é significante se revela algo que diz respeito à natureza exata da coisa, ou seja, expressa a identidade própria da coisa.

Até mesmo um bom número de características significantes não faz com que uma comparação seja convincente se a característica significante chave é omitida. Vamos supor que eu esteja falando para uma audiência que não sabe nada sobre ratos e elefantes. No meu desejo fervoroso de informar a audiência, faço uma comparação entre os dois animais. Digo a essas pessoas que tanto os ratos quanto os elefantes têm quatro patas, dois olhos, duas orelhas, uma boca, uma língua, um rabo, um coração e assim por diante. Todas são características significantes. Mas, em meu relato, não menciono o tamanho comparativo dos animais. Teria deixado de fora uma característica significante de extrema relevância.

Comparação e argumento

Quando queremos que um argumento seja comparado, nosso objetivo é demonstrar (isto é, provar com argumentos) que duas coisas são de fato semelhantes. Digamos que estejamos comparando duas coisas, A e B. Examino ambas com atenção. Faço uma lista cuidadosa das características que elas têm em comum. Elaborando um argumento, minha conclusão será: "A e B são coisas muito parecidas." As premissas de meu argumento consistiriam na lista de características comuns observadas: "Porque A e B compartilham o traço X, porque A e B compartilham o traço Y" e assim por diante. Por exemplo, eu poderia estar preocupado em comparar cervo e gado doméstico, e digo isso porque tanto o cervo quanto o gado têm casco fendido, porque tanto o cervo quanto o gado são vegetarianos etc. Se, a propósito do que eu discutia acima, garanto que (1) todas as características que menciono são significantes e (2) não deixo de fora significantes características, meu argumento é bem fundado e tem boa chance de ser persuasivo. Nesse argumento, eu estaria seguindo em direção a uma conclusão que sustenta uma similaridade significante entre cervo e gado.

Um dos argumentos mais comuns que se baseia na comparação é "o argumento por analogia". (Uma analogia é uma relação de similaridade entre duas coisas.) A estrutura básica do argumento é essa: das duas coisas que estou comparando, uma delas, A, é mais conhecida por você do que B. O propósito do meu argumento é persuadi-lo de que A e B têm pontos em comum incontestáveis suficientes e que um ponto adicional, que não seja óbvio e, dessa maneira, contestável, é também compartilhado por elas. Vamos dizer que A seja um evento histórico, como a Guerra do Vietnã, e B, um conjunto de ações futuras que o governo dos Estados Unidos está projetando agora – vamos chamar de Operação Altruísmo Puro. Minha tarefa é convencê-lo de que existem similaridades suficientes entre a Guerra do Vietnã e a Operação Altruísmo Puro. Ou seja, que, se o governo for de fato embarcar na última, a experiência seria comparável à da Guerra do Vietnã.

> Esquema do argumento:
> A possui os traços R, S, T, U, V, W, X e Y,
> B possui os traços R, S, T, U, V, W, X e Y,
> A possui o traço Z.
> Portanto, B também possui o traço Z.

Comentário: A conclusão não resulta de forma necessária, mas não é improvável. Dado o fato de que duas coisas têm muitas características em comum, parece possível que uma característica adicional, que sabemos ser possuída por uma coisa, também possa ser possuída por outra. Um argumento desse tipo é empregado somente naquelas circunstâncias em que não podemos *diretamente* determinar se B tem ou não o traço Z, o qual certamente seria se B fosse um evento ainda não-ocorrido e, portanto, não passível de análise.

Argumento bem fundamentado

Um argumento, como vimos, tem dois elementos básicos: premissas e uma conclusão. Se um economista faz uma proposição – por exemplo, de que a inflação vai diminuir muito dentro dos próximos seis meses – e espera que ela seja aceita como verdadeira sem oferecer qualquer informação adicional sobre a questão, a validade da proposição baseia-se somente na autoridade do economista. Não é irresponsável aceitar proposições como verdadeiras somente por causa da autoridade de quem as pronuncia. Fazemos isso o tempo inteiro. Quando se trata de um especialista autêntico, podemos sensatamente esperar que, desde que se mantenha dentro de sua área de especialidade, diga coisas que merecem ser ouvidas. Mas o nosso próprio conhecimento sobre uma proposição é mais seguro do que aquele baseado em vozes de autoridade. Isto se deve ao fato de que, quando assimilamos um argumento bem fundado, percebemos, na prática, por nós mesmos, que alguma coisa é verdadeira. Conhecemos os "porquês" que existem por trás de nosso conhecimento.

Para que um argumento seja bem fundado, tem de ser também bem fundado em relação à sua questão (seu conteúdo) e à sua forma (sua estrutura). Já dispensamos alguma atenção ao primeiro requisito. Um argumento é bem fundado em relação à sua questão se todas as proposições que o compõem forem verdadeiras. A importância desse critério é bastante óbvia; o segundo requisito relaciona-se com a validade do argumento. Um argumento é válido se sua estrutura é bem fundada, o que significa que sua estrutura é tal que premissas verdadeiras garantem uma conclusão verdadeira. A natureza da validade não é sempre interpretada com perfeita clareza em virtude de sua descrição verbal; então, se a natureza dada não acendeu as luzes para você, seja paciente. Mais tarde, quando estiver discutindo a estrutura do argumento, onde a validade é diretamente discutida, ilustrarei a validade por meio de exemplos.

É importante estar ciente da diferença entre verdade e validade. Embora muitas vezes confundidas, são, na verdade, bem diferentes. Primeiramente, verdade tem a ver apenas com proposições, enquanto validade tem a ver apenas com aquela disposição estrutural de proposições que chamamos de argumento. Em segundo lugar, uma proposição é verdadeira se o que defende reflete o que é objetivamente o caso. Uma proposição é válida, ecoando o que acabamos de dizer, se sua estrutura for tal que garanta uma conclusão verdadeira – se suas premissas forem verdadeiras.

Já abordamos a forma simples de argumento em nossa discussão sobre o processo de proposições universais para particulares. Não olharemos para as outras várias formas de argumento simples como uma maneira de preparar o caminho para nossa discussão sobre silogismo, o argumento que representa a mais acabada forma de raciocínio. Aqui, estão as três formas de argumento que serão discutidas: "conjuntivo", "disjuntivo" e "condicional".

• Argumento conjuntivo

A forma do argumento conjuntivo, expressa simbolicamente, é A • B. Tanto A quanto B representam proposições completas. Um exemplo mais direto: "Anne está no segundo ano do curso de Biologia na Universidade de Minnesota." Esse inocente pequeno "•" colocado entre o A e o B, que se traduz por "e", carrega grande significado. Informa-nos que *tanto* A *quanto* B são verdadeiras. Trata-se de um pacote fechado; você não pode isolar um termo e considerá-lo verdadeiro enquanto toma o outro por falso. A • B pode servir como uma premissa para um argumento, e duas conclusões podem seguir-se dela validamente. Desse modo:

A • B	A • B
Portanto, A	Portanto, B

Comentário: Tanto -A quanto -B (negar que Anne esteja realmente no segundo ano da Universidade de Minnesota ou que ela realmente estude Biologia) são falsos porque contradizem o que é especificado na premissa do argumento.

• Argumento disjuntivo

O argumento disjuntivo é simbolicamente representado como se segue: A v B. Mais uma vez, A e B representam proposições completas. O símbolo "v" significa "ou". Exemplo: "Arden pegou o trem para Washington na noite passada ou pegou um avião lá." Aqui, estamos tratando de uma proposição estrita ou "disjuntiva exclusiva". Isto significa que os dois componentes da proposição são mutuamente exclusivos. Os dois não podem ser verdadeiros. Se um é verdadeiro, o outro tem de ser falso, e vice-versa. E também – e isso é importante – os dois componentes não podem ser falsos. Se assim fossem, isso tornaria a expressão ilusória, pois, se dizemos "ou A ou B", estamos afirmando que uma ou a outra é o caso. Se quisermos dizer "nem A nem B", então é isso que temos de dizer. Os argumentos disjuntivos válidos são como a seguir:

A v B	A v B	A v B	A v B
A	B	-A	-B
Portanto, -B	Portanto, -A	Portanto, B	Portanto, A

Comentário: Na notação acima, -A significa "não A" e -B significa "não B". Observe que nesses argumentos um passo adicional foi acrescentado, em comparação com o argumento conjuntivo. No primeiro exemplo acima, em vez de irmos diretamente à proposição inicial (A v B) para a conclusão (portanto, -B), precisamos de uma proposição de intermédio, A, para completar o argumento. Especificamente, temos de ser informados sobre qual das duas disjunções (A, B) é verdadeira. Nesse argumento, então, temos duas premissas: A v B é a premissa maior; A é a premissa menor.

A lógica dos argumentos apresentados é como a seguir: porque A e B são mutuamente exclusivos, se um é verdadeiro, o outro é falso, e vice-versa. E A e B são as únicas duas possibilidades. Então, se tenho certeza de que Arden pegou o trem para Washington, não pode ter ido de avião; se tiver certeza de que ele pegou um avião, não pode ter ido de trem. Em vez disso, se eu tenho certeza de que ele não pegou o trem, ele teve de pegar um avião; se tiver certeza de que ele não pegou um avião, pegou necessariamente o trem. Só existem duas possibilidades.

Argumento condicional

O argumento condicional, algumas vezes chamado de argumento "hipotético", é um argumento de "se/então". Ele reflete a maneira como habitualmente pensamos. Por exemplo: "Se o tempo estiver bom na quinta-feira, vamos fazer um piquenique." Ou: "Se você se esforçar no trabalho, vai finalmente alcançar seu objetivo." Certa condição é estabelecida com a idéia em mente e, se essa condição acontece, então certas conseqüências se seguirão. Vamos olhar mais de perto para esse tipo importante de argumento de forma simbólica.

$A \rightarrow B$
A
Portanto, B

Começamos com a proposição condicional $A \rightarrow B$. (Se A, então B.) Uma proposição condicional, como uma conjuntiva e uma disjuntiva, é realmente uma proposição composta. Em outras palavras, nesse caso A é uma proposição

("Se os Bulldogs ganharem o jogo") e B é uma proposição ("Eles irão para a final"). A primeira proposição é chamada de "antecedente"; a segunda é chamada de "conseqüente". "A → B" (a primeira linha) é a premissa maior do argumento ; "A" (a segunda linha) é a premissa menor. A terceira linha, "Portanto, B", é, obviamente, a conclusão do argumento. (A palavra "portanto" é, mais uma vez, o indicador lógico que identifica a proposição como uma conclusão.)

O ponto principal do argumento é a premissa maior, A → B. Ela nos informa que, se A (o que quer que ele seja) acontece, B necessariamente virá a seguir. Nesse ponto, não sabemos o que irá ou não irá realmente acontecer. A premissa menor, A, nos informa que a condição estabelecida na premissa maior foi satisfeita. Dessa forma, então o conseqüente B irá acontecer. Esse é um argumento válido, significando que, se as premissas são verdadeiras, a conclusão será também necessariamente verdadeira. Essa é a garantia de um argumento válido: premissas verdadeiras produzem uma conclusão verdadeira.

Mas, para reconhecer a validade do argumento condicional, precisamos entender muito claramente o que a premissa maior, A → B, está nos dizendo precisamente. Ela diz que o *link* entre A e B é absolutamente necessário. Em outras palavras, se A acontece, então B *tem* de acontecer.

Assim, deveria ficar evidente que a maioria dos argumentos condicionais que usamos diariamente em nossas vidas não são assim, no sentido lógico estrito. Considere o exemplo anterior: "Se o tempo estiver bom na quinta-feira, vamos fazer um piquenique." Se refletirmos sobre essa proposição, veremos que não existe necessariamente uma conexão entre o antecedente (bom tempo na quinta-feira) e o conseqüente (vamos fazer um piquenique). O tempo poderia estar ideal na quinta-feira e, no entanto, por certo número de razões não previsíveis agora, pode ser que não haja um piquenique. Mas considere o seguinte argumento:

> Se Louise está correndo, então Louise está movimentando-se.
> Mas Louise está de fato correndo.
> Portanto, Louise está movimentando-se.

Aqui, podemos perceber que existe uma ligação estrita de necessidade entre o antecedente e o conseqüente. Não existe como Louise estar correndo e não se movimentando ao mesmo tempo. Então, a conclusão do argumento é necessariamente verdadeira.

Existe uma outra forma válida de argumento condicional, simbolicamente esquematizada como a seguir:

> $A \rightarrow B$
> -B
> Portanto, -A

A premissa maior estabelece a condição: "Se Louise está correndo, então ela está movimentando-se." A premissa menor (-B) diz: "Louise não está se movimentando." Conclusão: "Portanto, ela não está correndo." A lógica do argumento: porque correr está necessariamente vinculado a movimento (já que é impossível estar correndo e não se movimentando), se alguém não está se movimentando, então, obviamente, não pode estar correndo. (Na Etapa Cinco, em "Negar o antecedente" e "Afirmar o conseqüente", onde falo sobre raciocínio falacioso, vou dedicar-me às formas inválidas de argumento condicional.) Embora dependamos muito do tipo de raciocínio exemplificado pelo argumento condicional, é raro, mais uma vez, que o usemos no sentido estrito. É raro o caso em que há uma conexão precisa entre o antecedente e o conseqüente em nossos argumentos. O resultado disso é que as conclusões às quais chegamos em nossos argumentos não necessariamente resultam do antecedente e do conseqüente. Isto não significa, no entanto, que um argumento condicional que produz alguma coisa que não conclusões necessárias não tenha valor algum, ou então que seja irresponsável usar tal argumento. Na maioria dos argumentos condicionais usados, nossas conclusões serão conclusões prováveis. Nosso objetivo deveria ser construir nossos argumentos de tal maneira que suas conclusões carregassem o mais alto grau de probabilidade possível.

Imagine que um amigo diga para você: "Se eu ganhar na loteria, vou doar todos os milhões para a caridade." Ouvindo isso, você muito provavelmente não esperaria que o amigo favorito da caridade estivesse rolando em dinheiro. Seu ceticismo estaria baseado no fato de que um "se" muito grande foi anunciado pela proposição; as chances de a condição acontecer são mínimas.

Num argumento condicional que não se vincula a algo necessário, quanto maior é a conexão entre o antecedente e o conseqüente, mais probabilidade tem o conseqüente de tornar-se verdade. Vamos voltar a um exemplo usado antes: "Se os Bulldogs ganharem o jogo, estarão na final." Vamos supor que isso descreva uma situação baseada em um fato objetivo. Dada a presente situação do time, se ganharem o jogo, estará garantido um lugar para os Bulldogs na final. No entanto, a conexão entre o antecedente (ganhar o jogo) e o conseqüente (chegar à final) não é uma conexão precisa. Os Bulldogs poderiam ganhar o jogo e, vamos dizer, poderia haver uma greve de jogadores, cancelando a final desse ano. Mas, de fato, uma greve parece improvável, então, tudo considerado, o vínculo entre antecedente e conseqüente é um tanto forte. Não seria uma imprudência apostar que os Bulldogs estarão na final admitindo que eles ganhem o jogo.

A eficácia de seu argumento condicional depende do conhecimento que tem sobre as duas coisas que você está unindo na proposição condicional que conduz o argumento, e de como se relacionam. Se a relação entre antecedente e conseqüente é vaga, seria precipitado discutir como seria o contrário. Note que um argumento condicional é orientado pelo futuro e, portanto, potencialmente profético. Predições de confiança se baseiam no conhecimento de padrões do passado. "Se o tio Louis vier para a cidade", você diz, "vai querer ir jantar no Schmidty." Essa é uma predição razoável porque você sabe que, nos últimos 15 anos, sempre que o tio Louis vem à cidade, invariavelmente quer jantar no Schmidty.

Argumento silogístico

O silogismo é uma forma de argumento que reflete a maneira como a mente humana habitualmente opera: isto é, conectando idéias de tal maneira que as conclusões podem ser tiradas a partir dessas conexões. Vamos começar nossa discussão dessa forma de argumento, como fizemos com as formas mais simples, familiarizando-nos com sua estrutura e identificando suas várias partes. Aqui está um argumento silogístico em uma forma parcialmente simbólica:

Todo M é P.
Todo S é M.
Portanto, todo S é P.

A primeira proposição é a premissa maior; a segunda, é a premissa menor. A terceira é claramente reconhecida como a conclusão. As três letras, M, P, S, representam os termos pelos quais as três proposições são compostas – as idéias expressas em palavras. M representa o "termo médio"; P, o "termo maior"; e S, o "termo menor". O termo médio é particularmente importante, já que sua tarefa é formar um *link* entre os outros dois termos, e o êxito do argumento depende de sua habilidade em fazer isso. Aqui está um exemplo do argumento em um português mais direto:

Todo jogador da NFL é um atleta profissional.
Os Minnesota Vikings são jogadores da NFL.
Desse modo, os Minnesota Vikings são atletas profissionais.

Não precisamos saber o que significa NFL ou quem são os Minnesota Vikings para percebermos, somente por meio da estrutura, que esse argumento faz sentido.

A argumentação silogística se baseia na operação de relacionar a parte com o todo, a fim de comprovar com clareza alguma coisa sobre a parte. Se A é uma parte do todo, B, então, compartilha, como parte, o que é comum ao todo.

A premissa maior de nosso argumento (todo M é P) pode ser ilustrada como a seguir:

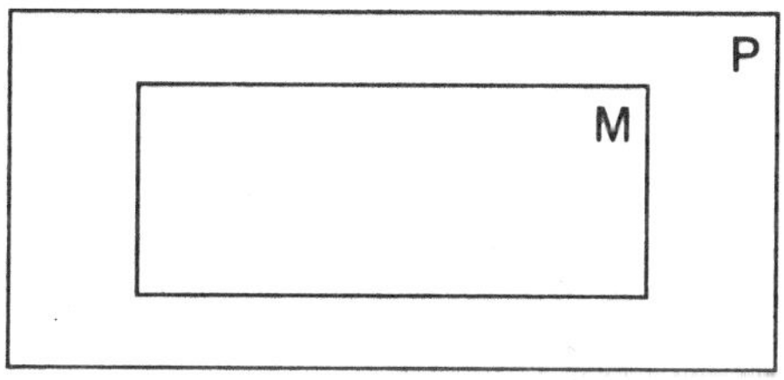

Note que M, representando um grupo menor, é incorporado completamente dentro do grupo maior, P. Desse modo, podemos, em seguida, ilustrar a premissa menor (todo S é M):

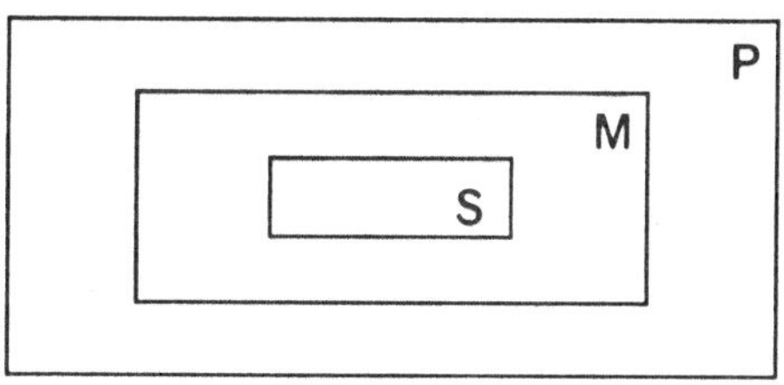

A premissa menor repete a operação da premissa maior; isto é, incorpora um menor dentro de um maior. Agora, com essas duas operações concluídas, os três termos do argumento foram conectados e podemos, literalmente, ver como resulta de fato a conclusão. Não há como evitar. Se M é uma parte de P e se S é uma parte de M, então S tem de ser também uma parte de P.

A verdade das premissas

Um argumento silogístico ou qualquer argumento quanto a isso tem, como vimos, de cumprir dois requisitos básicos para que seja qualificado como bem fundamentado: conteúdos bem fundamentados e uma forma bem fundamentada. E vimos que os conteúdos têm fundamento se as proposições que servem de premissas ao argumento são verdadeiras. Veja um argumento estruturalmente bem fundamentado, mas cujos conteúdos sejam infundados:

> Todo cachorro tem três cabeças.
> Pastores são cachorros.
> Portanto, pastores têm três cabeças.

Se começarmos com uma premissa falsa, um argumento válido (isto é, estruturalmente bem fundamentado) nos permitirá chegar coerentemente a uma conclusão falsa. O provérbio "Onde entra lixo, sai lixo" aplica-se muito bem aqui. Uma forma bem fundamentada não vai salvar um argumento se seus conteúdos forem falsos. A situação deve ser comparada a um automóvel que esteja em perfeita condição mecânica (forma bem fundamentada), mas cujo tanque de gasolina esteja abastecido de água (conteúdos infundados). O melhor dos veículos não vai nos levar aonde queremos ir sem gasolina. Validade aqui não é suficiente.

A relevância das premissas

Embora a verdade das premissas seja uma condição necessária para um argumento bem fundamentado, não é suficiente. Premissas verdadeiras podem não contribuir muito com o argumento se sustentam mal sua conclusão. Recorde que o propósito das premissas é sustentar uma conclusão, oferecer-nos alguma razão persuasiva para aceitá-la; mas, se as premissas, embora verdadeiras, forem inconsistentes, não podem fazer isso. Uma das maneiras como as premissas expõem inconsistência é quando não são os pontos para a conclusão. Considere o seguinte exemplo:

> Pierre Poseur era jogador de futebol do All-American.
> Pierre Poseur ganhou seu primeiro milhão antes dos 30 anos.
> Pierre Poseur é bonito e tem um sorriso encantador.
> Portanto, Pierre Poseur deveria ser eleito governador.

Vamos supor que tudo o que foi dito sobre o Sr. Poseur nas premissas seja verdadeiro. Ele era, de fato, jogador do All-American, realmente ganhou seu primeiro milhão antes dos 30 anos de idade e é superbonito, dono de um sorriso encantador. Mas tudo isso, embora verdadeiro, não é realmente relevante para o assunto em questão. Não nos diz coisa alguma em relação às qualificações específicas que o capacitariam a assumir as importantes responsabilidades associadas ao cargo de governador do estado.

Agora, considere um outro argumento, este em favor de seu adversário:

John Vere passou quatro anos no grupo
Voluntários da Paz.
Ele é advogado constitucional.
Ele foi prefeito por dois mandatos.
Ele serviu na legislatura do estado por 12 anos.
Portanto, ele deveria ser eleito governador.

As premissas desse argumento têm um relacionamento mais direto com a conclusão do que as premissas do argumento anterior. Podemos não ser compelidos por elas, mas ficaríamos relutantes em dispensá-las por não terem relação com a conclusão.

Proposições de fato, proposições de valor

"Músicos são pessoas que fazem música" é uma proposição verdadeira. Usando tal proposição como ponto inicial, podemos construir um argumento bem fundamentado, se não extremamente interessante:

Músicos são pessoas que fazem música.
Dorothy é música.
Como conseqüência, Dorothy faz música.

Agora, considere esta proposição: "Músicos são pessoas superiores." Esta é uma proposição não de fato, mas de valor. Ela expressa a opinião de quem a faz. Não existe nada que nos proíba de construir argumentos que partam de proposições de valor. Portanto:

> Músicos são pessoas superiores.
> Cecília é música.
> Cecília, portanto, é uma pessoa superior.

Mas que tipo de crédito daremos a argumentos baseados em proposições de valor, como no exemplo acima? Não muito, acho que todos concordaríamos. Perceba a imprecisão do termo "superior". O que isso significa? Um argumento baseado numa proposição de valor nunca pode ter o mesmo tipo de valor conclusivo que um argumento baseado numa proposição de fato, pois avaliações podem ser contestadas interminavelmente. Mas nem todas as proposições de valor carecem de fundamento. Para concluirmos se uma proposição tem valor, precisamos ver o quanto se apóia em um fato objetivo. Quanto mais sólido e extenso for o alicerce do fato objetivo, mais confiável é a proposição de valor baseada nele. Por exemplo, os julgamentos avaliativos de alguém que tem um grande conhecimento em determinada área devem ser respeitados, desde que, é claro, pertençam à área de especialidade em questão. Os julgamentos avaliativos de Robert Frost em relação ao assunto poesia teriam certo peso, assim como o de Ted Williams em relação ao assunto beisebol, mas hesitaríamos em colocar muito peso em Frost falando sobre beisebol ou Williams sobre poesia.

Forma argumentativa

Vimos que é possível ter um argumento que não é defeituoso em sua forma, mas que produz conclusões falsas porque as premissas são falsas. Neste caso, a forma é bem fundamentada, o conteúdo, não. Ao contrário, é possível construirmos um argumento cujas premissas sejam perfeitamente verdadeiras, mas cujas conclusões sejam falsas, e isto se deve ao fato de a forma do argumento ser defeituosa. Considere o argumento a seguir:

> Todo esquilo é um mamífero.
> Toda tâmia é um mamífero.
> Portanto, toda tâmia é um esquilo.

Tanto a premissa maior quanto a menor do argumento são verdadeiras, mas a conclusão é grosseiramente falsa. O que nos permite uma situação desse tipo é a invalidade. Neste caso, a estrutura do argumento é defeituosa. O efeito imediato de um argumento inválido (estruturalmente defeituoso) é que ele impede a conexão dos termos do argumento de uma maneira que produza uma conclusão necessariamente verdadeira. Vamos dar uma outra olhada na configuração do argumento silogístico válido, dessa vez expresso somente em símbolos, para que, assim, possamos perceber, de uma maneira mais clara, como ele é estruturado:

M—P
S—M
―――
S—P

As letras, nós sabemos, representam os termos do argumento (note que há apenas três, um fato muito importante). Os traços entre as letras representam os conectores verbais ("é", "são"). A linha entre a segunda e a terceira proposição representa "portanto". Lembraremos que M representa o termo menor. O termo médio é aquele que simplesmente aparece nas premissas, mas não na conclusão. Isto é importante, pois a tarefa específica do termo menor é conectar os outros termos, o menor e o maior. Repare na posição do termo menor nas premissas: é o termo sujeito na premissa maior e o termo predicado na premissa menor. Esse posicionamento permite a conexão indispensável entre o termo maior e o termo menor. Agora, considere a representação simbólica do argumento citado anteriormente sobre esquilos e tâmias:

P—M
S—M
―――
S—P

Podemos imediatamente perceber que, nessa estrutura argumentativa, o termo médio ("mamífero") é o termo predicado tanto na premissa maior quanto na premissa menor. É isto que faz com que o argumento seja inválido; trata-se de uma estrutura defeituosa. Mas por que é assim? Para entender a natureza desse problema, precisamos ter em mente que a tarefa do termo menor é conectar os termos maior e menor. Mas essa disposição estrutural não permite que o termo menor execute sua tarefa. A razão específica é a natureza do predicado das proposições afirmativas, uma questão que agora precisa ser discutida.

As duas proposições que servem de premissas no argumento são afirmativas e, nas duas instâncias, o termo médio é o predicado. É isso que é significante aos termos predicados de proposições afirmativas: elas são sempre particulares (ou "não-distributivas") e nunca universais (ou "distributivas"). Na proposição "Todo esquilo é um mamífero", o termo do sujeito é universal; o "todo" anuncia isso com clareza. No entanto, o termo predicado não se refere a todos os mamíferos, mas apenas àqueles que são esquilos. Isto pode ser mostrado ao supormos que o termo predicado seja universal e, então, inverter o termo predicado e o termo sujeito. Assim, "Todo mamífero é um esquilo". Isto é claramente falso.

Dessa forma, então, temos uma situação em que o termo médio no argumento é um termo particular ou não-distributivo nos dois aspectos, mas – e este é o ponto – o termo médio *tem de ser universal pelo menos uma vez* para, assim, fazer a conexão necessária entre o termo menor e o termo maior, produzindo uma conclusão que não seja *simplesmente* verdadeira, mas *necessariamente* verdadeira. Uma estrutura argumentativa que bloqueia o termo médio da universalidade é, portanto, inválida. O nome específico atribuído a esse problema é "termo médio não-distributivo".

Agora vamos aplicar a análise acima ao argumento problemático em questão. O que as premissas do argumento fazem é colocar dois subgrupos separados (esquilos e tâmia) dentro do mesmo grupo maior (mamíferos). A conclusão, então, tenta identificar os dois subgrupos porque os dois estão no mesmo grupo maior. Mas o senso comum nos diz que os dois elementos podem pertencer à mesma classe geral sem, contudo, ser a mesma coisa. Um gorro pode ser de lã, assim como um suéter, mas isso não nos leva a confundir um gorro com um suéter.

A forma mais favorável para um argumento é aquela que, a partir de premissas verdadeiras, vai garantir uma conclusão necessariamente verdadeira. Tal forma é uma forma válida. A forma do argumento em questão é inválida porque não oferece tal garantia. Mas isto significa que um argumento assim nunca deveria existir? Não. Você pode estruturar um argumento responsável sobre essas linhas se mantiver em mente que a conclusão produzida pode ser apenas provável; nunca será necessariamente verdadeira. O poder de probabilidade de uma conclusão dependerá do tipo de vínculo estabelecido nas premissas. Considere o argumento a seguir:

> Halverson estava na conferência de Chigago
> em abril.
> Policinski estava na mesma conferência.
> É possível que eles tenham se encontrado lá.

Note a conclusão experimental, que é bem apropriada. Não podemos dizer, com certeza, que Halverson e Policinski se encontraram na conferência (já que tudo que sabemos é que os dois estavam lá), mas não é irracional supormos a possibilidade de seu encontro na cidade Windy.

Conclusões têm de refletir a quantidade de premissas

Como já mencionado, a "quantidade" de uma proposição refere-se a seu caráter universal ou particular. A quantidade de uma proposição é estabelecida pela quantidade de seu termo sujeito. "Todo pombo é um pássaro" é uma proposição universal. "Algumas árvores são decíduas" é uma proposição particular. Em um argumento silogístico, se existe uma proposição particular nas premissas, ela deve estar refletida na conclusão. Se uma das premissas começa com "algumas", a conclusão tem de começar com "algumas".

Mas a quantidade precisa refletir-se na conclusão de uma maneira mais absoluta. Isto é, a quantidade de um termo que aparece na conclusão, seja o termo sujeito ou predicado, não pode exceder a quantidade desse mesmo termo quando ele aparece nas premissas. Em outras palavras, se o termo é universal na conclusão, tem de ser universal nas premissas. Para que este ponto fique claro, consideremos o seguinte argumento:

> Todo químico é um cientista.
> Todo químico é um trabalhador esforçado.
> Portanto, toda pessoa que trabalha com esforço é um cientista.

Comentário: Mesmo que supuséssemos a veracidade das duas premissas, intuitivamente ainda perceberíamos que existe algo de errado com esse argumento, mas não somos capazes de identificar imediatamente o que é. No entanto, se olharmos com mais atenção, mantendo em mente algo que aprendemos anteriormente, podemos localizar, com precisão, a origem do problema. Perceba que a conclusão alega algo sobre "toda pessoa que trabalha com esforço". O termo é claramente universal. Mas, se olharmos para o mesmo termo na premissa maior, podemos ver que ele é o termo predicado de uma proposição afirmativa, a qual, recordando a seção "Forma argumentativa", é sempre particular em extensão, ou não-distributiva. É ilegítimo partir de um termo particular nas premissas e universal na conclusão, que é o que está sendo feito aqui.

Dissemos que podemos ter uma conclusão particular somente se tivermos uma premissa particular. O que aconteceria se tivéssemos duas premissas particulares? Vamos colocar a questão em teste no argumento a seguir:

> Alguns adolescentes estudam espanhol.
> Alguns campeões de xadrez são adolescentes.
> Portanto, alguns campeões de xadrez estudam espanhol.

Comentário: A conclusão não faz sentido. *Pode ser* que alguns campeões de xadrez estudem espanhol; e é muito provável que, de fato, alguns estudem. Mas o argumento não prova que esse é *necessariamente* o caso. A regra geral que pode ser especificada é: nenhuma conclusão resulta de duas premissas particulares. Mas vamos olhar o argumento mais detalhadamente para descobrir por que isso deve ser assim. Que efeito é provocado no argumento pelas duas premissas particulares? Note que o termo médio do argumento é "adolescentes". Ele é claramente um termo particular na premissa maior, "alguns adolescentes". Mas, como o termo predicado na premissa menor, aqui ele é também particular. Dessa forma, temos um termo médio que não é distribuído sequer uma vez e, assim, perde a capacidade de conectar o termo maior e o termo menor. Para visualizar isso com mais clareza, coloquemos o argumento em termos simbólicos:

Alguns M são P.
Alguns S são M.
Portanto, alguns S são P.

Agora, vamos ilustrar o argumento com um diagrama:

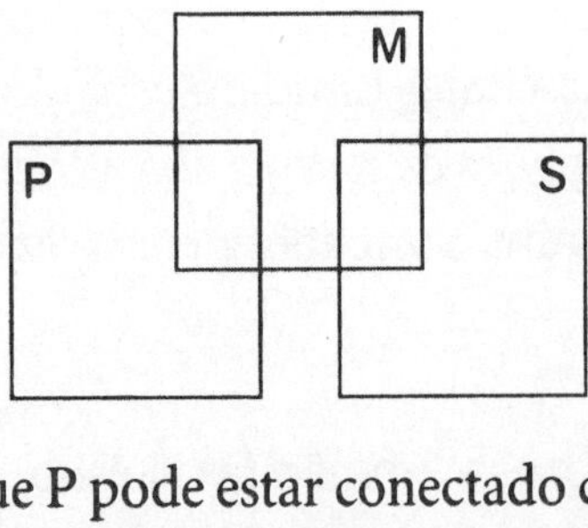

Podemos ver que P pode estar conectado com M, e S pode estar conectado com M, sem haver qualquer conexão necessária entre P e S, conexão que a conclusão supõe erroneamente existir.

Conclusões têm de refletir a qualidade das premissas

A qualidade de uma proposição, lembre-se, guarda relação com o fato de ser afirmativa ou negativa. Se a proposição que serve como conclusão de um argumento é negativa, no mínimo uma das premissas no argumento tem de ser negativa. Vejamos o que ocorre se as duas premissas de um argumento forem negativas.

> Nenhum homem é filha.
> Nenhuma garçonete é homem.
> Portanto, nenhuma garçonete é filha.

A conclusão é evidentemente falsa. O efeito de duas premissas negativas é comparável àquele de um termo médio não-distributivo. Com um termo não-distributivo, não é feita conexão alguma entre o termo menor e o maior. No caso de duas premissas negativas, nenhuma *des*conexão é estabelecida entre os dois termos. O fato de que tanto o grupo de garçonetes quanto o grupo de filhas estão separados do grupo de homens não nos força a concluir que estejam separados um do outro.

O que temos diante de um argumento que contenha premissas afirmativas seguidas de uma conclusão negativa? Considere isso, por exemplo:

> Todo pássaro é um vertebrado.
> Chapim são pássaros.
> Portanto, chapim não são vertebrados.

Temos um argumento que não faz sentido algum. A conclusão é totalmente gratuita, acrescentada da maneira como foi, e de maneira alguma baseada nas premissas precedentes. Para não dizer completamente falsa.

Agora, vamos olhar para um argumento com uma conclusão negativa, que é verdadeiro, porque o argumento que conclui tem fundamento.

> Nenhum pensilvânio é californiano.
> Todo texano é pensilvânio.
> Portanto, nenhum texano é californiano.

O grupo de pensilvânios é completamente separado do grupo de californianos (premissa maior). O subgrupo dos texanos está completamente incluído no grupo de pensilvânios (premissa menor). Assim, o subgrupo de texanos teria de estar completamente separado do grupo de californianos, que é a conclusão lógica do argumento.

Argumento indutivo

Todos os argumentos discutidos até aqui são dedutivos. A maneira convencional de distinguir um argumento dedutivo de um argumento indutivo é dizer que o dedutivo começa do geral e vai ao particular, enquanto o indutivo começa no particular e vai ao geral. Essa é uma descrição apropriada para a diferença dos dois, mas uma descrição limitada. Uma maneira mais precisa de distingui-los é dizer que o argumento dedutivo é produto de conclusões necessárias, enquanto o argumento indutivo tem a capacidade de somente produzir conclusões prováveis. Tanto a dedução quanto a indução, enquanto formas argumentativas, possuem os dois elementos básicos de todo argumento: premissas e uma conclusão. No caso da dedução, existe um único ponto de início (a premissa maior), que é supostamente um fato estabelecido. É sempre uma proposição geral, o que significa que se refere a um número de coisas ("Toda árvore tem um sistema de raízes"). O fundamento lógico básico por trás do raciocínio dedutivo é este: começando pela proposição que sabemos ser verdadeira (premissa maior), obtemos a informação dessa proposição e deixamos explícito (pela premissa menor em relação à conclusão) o que está implícito na proposição verdadeira inicial. E é isto que está acontecendo numa proposição como esta:

> Toda árvore tem um sistema de raízes.
> O choupo perto da porta é uma árvore.
> Portanto, o choupo perto da porta tem um sistema de raízes.

A verdade desta conclusão já estava contida na premissa maior. O argumento salienta o que estava na abertura. Podemos dizer que o argumento dedutivo é analítico porque rompe com a verdade geral em suas partes constituintes.

As premissas de um argumento indutivo são todos os fatos particulares que se juntam para servir como uma coleção de evidências. Esses fatos transmitem a base para que se faça uma generalização confiável sobre eles. Mas, em primeiro lugar, o que faz um pesquisador começar a colher fatos de um tipo particular? Dizemos que eles são guiados em sua pesquisa por hipóteses. Uma hipótese é uma suposição instruída de como as coisas têm de ser ou, no mínimo, de como elas muito provavelmente devam ser. A formulação de uma hipótese deve vir como resultado de uma observação casual, estimulada por algo que você acabou de encontrar inesperadamente, ou pode resultar de um raciocínio calculado.

Um exemplo simples de indução. Vamos imaginar um homem, Harry, vivendo num passado distante e que gostava muito de cachorros. Tinha cinco cachorros. Um dia, ele recebeu a visita de sua irmã com as duas filhas pequenas. As duas meninas, novas na casa, ficaram muito excitadas com os cachorros e queriam se aproximar deles. Harry as levou ao jardim e chamou seu cão de caça marrom. Uma sobrinha levantou a mão e abaixou a cabeça sobre o cachorro para fazer carinho nele; o animal assustou-se e afastou-se. A segunda sobrinha abriu a mão sob o focinho do cachorro, que a cheirou e depois permitiu que a menina acariciasse sua cabeça. "Humm", pensou Harry, "muito interessante". Foi apenas coincidência?

Ele perguntou às sobrinhas se gostariam de participar de uma pequena experiência. Elas responderam que adorariam. Harry disse que chamaria os quatro cachorros, um a um. Quando cada cachorro era apresentado, cada uma das meninas tinha de repousar a mão sobre a cabeça do cachorro, como se fosse acariciá-lo. Num segundo momento, tinham de trazer a mão aberta sob o focinho do cachorro. Em todos os casos, os cachorros afastaram-se ao primeiro gesto, mas eram receptivos e amigáveis ao segundo. Dessa pequena indução primitiva, Harry chegou à conclusão experimental de que cachorros geralmente se comportam daquela maneira sob as mesmas circunstâncias.

Todo o empreendimento científico é sustentado claramente pelo raciocínio indutivo. Cientistas estão continuamente juntando partes de informações específicas para ver quais padrões mais extensos podem ser estabelecidos. Uma vez que os padrões são detectados e uma repetição de padrão regular é registrada, faz-se uma predição confiável. Se eu nunca vi uma instância do fenômeno X ocorrer no passado sem o fenômeno Y também ocorrer (e eu, vamos supor, observei dezenas de instâncias do fenômeno X), então posso razoavelmente prever que, se por acaso o fenômeno X acontecer amanhã, o fenômeno Y também ocorrerá. Desse modo, o argumento indutivo torna-se a base do argumento dedutivo.

O raciocínio indutivo visa fazer generalizações confiáveis (isto é, com um alto grau de probabilidade) em relação a grandes grupos de elementos. Se fosse possível, no esforço de determinar se todos os membros de um determinado grupo têm uma característica em particular, checar cada um dos membros do grupo, então a conclusão a que alguém chegaria seria definitiva. Mas isso quase nunca é possível. (Harry nunca teria sido capaz de sujeitar todos os cachorros existentes no mundo à sua experiência.) O que tentamos fazer, então, é surgir com uma coleção de indivíduos, uma parte do grupo, que representa o todo. O tamanho da coleção seria determinado pelo grau de sua representatividade. É preciso, ainda, que seja suficientemente grande, para que você tenha uma certeza razoável acerca de toda a variedade que pode ser achada no grupo como um todo.

Avaliar um argumento

Uma breve revisão: um argumento expressa o cerne do raciocínio, o processo inferencial; em sua forma mais simples, convida-nos a aceitar uma idéia como verdadeira por causa de uma outra. A primeira coisa a verificar, quando avaliamos um argumento, é se há, de fato ou não, um argumento a ser avaliado. Em outras palavras, os dois elementos básicos de um argumento – premissas e uma conclusão – estão mesmo presentes? Às vezes, o que superficialmente parece ser um argumento é um discurso no qual um ponto é expresso vigorosamente, talvez em uma variedade de formas, mas não se faz acompanhar de nenhuma informação de sustentação discernível. Somente uma proposição bem sustentada é válida para o termo "conclusão". Uma proposição sem suporte é mera opinião, a qual estamos livres para aceitar ou não em um primeiro momento.

Uma vez que tenhamos certeza de estar lidando com uma declaração confiável, queremos olhar imediatamente para as premissas que suportam sua conclusão. Em primeiro lugar, e antes de mais nada, as premissas são verdadeiras? Esta pergunta não pode ser sempre respondida com um simples sim ou não. Durante o curso normal dos acontecimentos, encontraremos alguns argumentos cujas premissas são patentemente falsas. Mas, muitas vezes, o mais sedutor dos argumentos é aquele cujas premissas, mesmo não completamente falsas, lidam com a verdade de uma maneira distorcida. É nesse momento que precisamos estar atentos em relação às sutilezas da linguagem.

Depois de nos assegurarmos de que estamos lidando com premissas verdadeiras, precisamos testar sua força em termos de relevância em relação à conclusão a que buscam dar suporte. O próximo passo é determinar se um argumento é estruturalmente bem fundamentado ou não. Ele, de fato, faz conexões criteriosas entre as idéias cujo fundamento de sua conclusão dependem? Se um argumento tem a intenção de adiantar uma conclusão que necessariamente se seguiria, quando de fato isso não ocorre, o argumento fracassa. Em argumentos que adiantam conclusões prováveis, o grau da provável verdade daquelas conclusões depende do grau do poder de sustentação da informação que constitui as premissas do argumento e se este é convincente às reivindicações feitas pela conclusão.

Na análise final, a potência de um argumento depende da medida como refletimos a ordem objetiva das coisas. Argumentamos bem porque primeiramente raciocinamos bem, e o objetivo de argumentar e raciocinar é permitir que atuemos no mundo mais livre e decididamente.

Construir um argumento

Na construção de um argumento, a primeira coisa em que devemos prestar atenção é nos dois elementos básicos do argumento: as premissas e a conclusão. Você não vai ter um argumento se simplesmente fizer proposições. Suas proposições devem ser tais que algumas delas (as premissas) sirvam de informação-suporte a uma outra proposição (a conclusão). A questão é: as premissas demonstram a razoabilidade das conclusões, ou como necessariamente verdadeiras ou como muito prováveis? Suas premissas devem preencher dois requisitos: verdade e contundência.

- A verdade das premissas

É óbvio que as premissas devem ser verdadeiras. Somente alguém que propositalmente esteja querendo enganar outra pessoa apresentaria uma premissa absurdamente falsa. Mas nem sempre a questão se resume a uma falsidade absurda ou a uma verdade brilhante. Uma premissa pode ser substancialmente verdadeira, mas não precisamente verdadeira. Se você tem um resquício que seja de dúvida em relação a alguma das evidências a serem utilizadas no argumento, certifique-se de antemão. É nesse ponto que ir direto aos fatos revela-se algo importante. Proposições únicas que fazem uma série de reivindicações têm de, é claro, ser totalmente verdadeiras. Se você expõe um argumento a favor de um candidato ao Senado de que "Stephens serviu como fuzileiro naval no Vietnã e lá ganhou uma condecoração" e um repórter investigativo audacioso descobre que, embora ele realmente tenha servido no Vietnã, não era fuzileiro naval e não ganhou condecoração alguma, todo o seu argumento vai ser colocado em xeque, e com razão.

Uma determinada proposição pode ser perfeitamente verdadeira e, no entanto, ser expressa de uma maneira tal que sua verdade não fique claramente evidente para a sua audiência. Daí a importância de uma linguagem clara e convincente. Se você está tentando transmitir para uma audiência britânica a mensagem de que Burns é nativo do estado de Ohio e diz a eles que "Burns é um Buckeye de nascença", existe grande probabilidade de que eles não entendam o que você está querendo dizer.

• A força das premissas

Como vimos, uma premissa pode ser verdadeira, mas não guardar uma ligação imediata com a conclusão que está querendo sustentar. Uma premissa relevante é aquela que mais diretamente sustenta uma certa conclusão. Se você tem diversas premissas para sustentar uma determinada conclusão, não terá necessariamente um argumento mais convincente se usar todos eles. Certamente, nem todas sustentarão a conclusão com o mesmo tipo de integridade. Separe as premissas mais frágeis; caso contrário, elas irão apenas desviar a atenção das premissas mais convincentes.

Mesmo numa instância em que existam diversas premissas e todas sustentem efetivamente sua conclusão porque são íntegras, é melhor não usar todas juntas. Limitar o número de premissas confere um foco mais definido ao seu argumento e, dessa forma, maior impacto. Uma outra consideração: determinadas premissas (razões para aceitarmos a conclusão) podem carregar mais peso para um tipo específico de audiência. São essas premissas, então, que você deve empregar com essa audiência.

Este último ponto traz à mente a advertência consagrada pelo tempo: conheça sua audiência. Nesse aspecto, é bom lembrar que, embora a lógica seja uma ciência, também é uma arte. Uma proposição tem um objetivo duplo: produzir conclusões verdadeiras e persuadir uma audiência. Para ter êxito neste último ponto, temos de apresentar nosso argumento de forma coerente com nossa audiência. É aqui que entra o talento artístico.

ETAPA QUATRO

As origens do pensamento ilógico

Erros de raciocínio podem ser meramente acidentais ou, mais seriamente, resultado de descuidos. Mais seriamente ainda, podem proceder de atitudes ou de um conjunto de pontos de vista que conduzem ao pensamento ilógico. Nesta parte do livro, examino algumas atitudes e pontos de vista que devem ser conscientemente evitados porque inibem nossa habilidade de usar a lógica.

Ceticismo

Existe um lugar para o ceticismo no raciocínio bem fundamentado, mas ele deve ser ocupado seletivamente. É preciso distinguir entre o ceticismo como uma atitude permanente, que deve ser evitada a todo custo, e o ceticismo como uma reação apropriada, e até mesmo necessária, a uma situação em particular. Em situações genuinamente duvidosas, devemos reagir com dúvida. O ceticismo seletivo é simplesmente uma questão de reservar o julgamento até o momento em que tenhamos informação suficiente para emiti-lo com responsabilidade. Por exemplo, deveríamos ficar relutantes em aceitar a conclusão de um argumento cujas premissas, por uma ou outra razão, sejam questionáveis. Esse tipo de ceticismo sadio preserva o raciocínio lógico.

Mas o ceticismo como uma atitude permanente, um ponto de vista filosófico, é letal. Ele subverte o processo de raciocínio antes mesmo de seu início, transformando-o num processo de mau raciocínio. Existem duas expressões da atitude cética, uma mais extrema do que a outra, mas as duas igualmente prejudiciais. O cético extremo proclama incisivamente que não existe verdade. Esta é obviamente uma posição contraditória por si só, pois, se não há verdade, não há critério com o qual a própria declaração possa ser avaliada, e a proposição cética fica vazia de significado. O cético moderado está preparado para admitir que a verdade pode existir, mas defende que, se ela existe, a mente humana é incapaz de alcançá-la. À primeira vista, essa posição pode parecer menos demissionária da verdade do que a do cético extremo, mas, na verdade, não é. Uma verdade meramente teórica, e à qual não tenhamos acesso, é, por todos os propósitos práticos, inexistente.

A lógica, como dissemos de plano, está essencialmente ligada à verdade. Se verdade não é nada além do que um espírito fugaz que só podemos perseguir, mas nunca agarrar, não vale a pena nos preocuparmos com a lógica, pois, neste caso, o raciocínio humano equivaleria a pouco mais do que um exercício de futilidade.

Agnosticismo evasivo

Um agnóstico é alguém que defende que não tem conhecimento suficiente em relação a um assunto em particular para ser capaz de emitir um julgamento preciso. O termo é geralmente aplicado à crença religiosa. Enquanto um ateísta declara categoricamente que não existe Deus, um agnóstico diz que não sabe se Ele existe ou não. Mas uma atitude agnóstica pode estar relacionada com qualquer tema, não apenas com a religião. Há uma diferença acentuada entre o cético e o agnóstico. O agnóstico, diferente do cético, não nega a existência da verdade, nem seu alcance. Ele simplesmente alega ignorância em relação à verdade de determinada questão. Assim como há lugar para o ceticismo no raciocínio lógico, também há um lugar para o agnosticismo honesto. Estamos sendo honestamente agnósticos quando simplesmente admitimos que a ignorância é realmente nossa, aqui e agora. Se nosso conhecimento de algo é tão limitado que não nos permite tomar uma posição confiante, devemos evitar o comprometimento. Agir diferente seria intelectualmente irresponsável. O agnosticismo evasivo é a atitude que tenta tratar a ignorância superável como se ela fosse insuperável. Uma coisa é dizer "Eu não sei" depois de uma longa e assídua pesquisa em relação a um determinado assunto, outra é dizer "Eu não sei" quando nem mesmo se importou em investigar sobre o assunto. A pessoa que sucumbe ao agnosticismo evasivo adota a ignorância como desculpa, e não como um motivo. Tal ignorância resulta de indiferença ou preguiça.

Cinismo e otimismo ingênuo

Um cínico é alguém que faz enfaticamente uma proposição negativa sem evidência suficiente. Um otimista ingênuo é alguém que faz enfaticamente uma estimativa positiva sem evidência suficiente. Ambos representam posições ilógicas. Tanto o cínico quanto o otimista ingênuo representam o preconceito (a palavra vem do latim *praejudicare*, "julgar antecipadamente"), porque decidem-se em relação a uma determinada questão antes de encontrá-la totalmente e seriamente engajá-la, para não dizer inteligentemente assimilá-la. Ao se preparar para um debate, um cínico vai supor que a) os assuntos em pauta são ridículos; b) seu oponente é um idiota e c) nada de bom resultará do debate. O problema do cinismo, além de sua falta de lógica intrínseca, é que ele nos cega para as possibilidades e, freqüentemente, transforma nossas estimativas negativas e expectativas em profecias autogratificantes.

Um otimista ingênuo, depois de passar uma hora com uma jovem mulher que acabou de encontrar pela primeira vez, está convencido de que ela tem a) a beleza de Helena de Tróia; b) a inteligência de Marie Curie e c) a maestria artística de Emily Dickinson. O otimismo ingênuo, além de nos oferecer uma visão distorcida do presente, acaba causando uma futura decepção, pois as coisas raramente são como um otimista ingênuo supõe. Nem o cínico nem o otimista ingênuo prestam atenção suficiente no mundo ao redor. Em vez de ver as coisas como são, eles as vêem de acordo com sua predisposição.

Mentalidade estreita

A esposa do diretor da faculdade perdeu um brinco de pérola de valor inestimável em algum lugar dentro dos limites do campo de futebol. Você vai procurá-lo. Mas decidiu de antemão, de forma puramente arbitrária, que sua procura estará limitada a uma extensão de oito metros no meio do campo. Limitando a procura dessa maneira, você estará ignorando 90 por cento da área onde o brinco pode ser achado. Suas chances de encontrar o brinco estarão reduzidas na mesma proporção.

Afirma-se que o objetivo da lógica, do raciocínio bem fundado, é descobrir a verdade. Tendo em vista que o exato paradeiro é obviamente desconhecido até que seja descoberto, precisamos manter a mente aberta de antemão para uma série de possibilidades. Todavia, as pessoas não devem ser consideradas de mentalidade estreita simplesmente porque limitam a extensão de sua investigação, pois isso, muitas vezes, revela uma necessidade prática que evita o desperdício de esforço. Uma pessoa de mentalidade estreita se recusa a considerar certas alternativas simplesmente porque não encontra em suas suposições preconceituosas o que vale a pena ou não ser seguido. Falta um processo limitante na base racional. A mentalidade estreita é claramente enfraquecedora em seus efeitos, mas existe um tipo de mentalidade aberta que é ainda mais enfraquecedora. G. K. Chesterton aponta que uma mente aberta, como uma boca aberta, deve eventualmente se fechar para alguma coisa. Uma abertura de mente saudável não significa uma abertura indiscriminada. Não se comprometer com uma situação que exige comprometimento não é virtude. Ser tolerante a tudo é não valorizar nada. E, de um ponto de vista puramente prático, a busca pela verdade necessita da imposição de limitações sensatas na área a ser investigada, para não haver desperdício de tempo e energia.

Emoção e argumento

Existe uma verdade básica em psicologia humana que não precisamos aprender nos livros. Quanto mais intenso é o estado emocional, mais difícil se torna pensar claramente e comportar-se com moderação. Uma pessoa em meio a uma discussão violenta raramente é um modelo de racionalidade. Temos de exercer um esforço consciente para manter as emoções longe dos argumentos. Nunca seremos plenamente bem-sucedidos nessa questão e, de fato, não seria uma boa coisa se tivéssemos de agir assim o tempo todo, mas precisamos ter consciência de que, se a emoção predomina em alguma situação, o pensamento claro estará prejudicado.

Somos, por natureza, criaturas emocionais, e imaginar que poderíamos nos privar completamente das emoções – mesmo que temporariamente, em meio a uma argumentação – seria irreal. Embora alguns filósofos antigos considerassem que a imaginação e a razão habitavam reinos separados, com um embate aberto entre ambas, de fato elas estão no mesmo domínio e, pelo menos de forma ideal, deveriam entender-se harmoniosamente. Uma idéia, até mesmo do tipo mais refinado, nunca é destituída de emoção, pois toda idéia é fruto da imaginação daquela criatura naturalmente emocional chamada homem.

Assim, tudo se resume a colocar ênfase na razão e não excluir inteiramente a emoção. O que deveria levar as pessoas a uma argumentação lógica é sua substância intelectual, as idéias e suas interconexões – e não as implicações emocionais que o argumento possa trazer. Uma conclusão deveria ser aceita não porque nos sentimos bem em relação a ela, mas porque vemos que é verdadeira e, portanto, digna de nossa aprovação. Há um método empírico simples a ser seguido aqui: *Nunca apele diretamente para as emoções das pessoas.* Dedique-se a levá-las até o ponto em que possam ver por si mesmas. A única coisa que merece preocupação é a verdade.

Raciocinar com a razão

O raciocínio pode ser aplicado em um número indeterminado de objetivos, tanto bons quanto ruins. Alguns dos criminosos mais notórios da história possuíam mentes lógicas requintadas, lógicas no sentido de que raciocinavam com coerência a partir das pressuposições iniciais.

O problema era que as pressuposições iniciais eram falsas. Neste pequeno livro defendemos uma visão da lógica como algo além de um simples raciocínio coerente. Pensar coerentemente – levando-se em conta que o pensamento coerente é oblíquo (ou seja, não é coerente com a ordem objetiva das coisas) – não é ser lógico, na interpretação correta do termo, pois a lógica está essencialmente ligada à verdade. Usar o raciocínio para qualquer objetivo que não seja o de alcançar a verdade é fazer mau uso dele. O ideal implícito nessa afirmação é muito difícil de ser alcançado, e nosso registro que corresponde a essa expectativa não é admirável. Mas ideais têm a ver com "o que deveria ser".

Algumas vezes, é tão fácil deixar nossas emoções governarem nosso raciocínio que o argumento torna-se um meio primário de desabafar nossa raiva, ou de nos justificarmos, ou de nos igualarmos, ou de simplesmente marcarmos pontos para engrandecimento próprio. A verdade é, então, relegada a um *status* incidental. No debate ideal, o objetivo primeiro dos debatedores não é triunfar uns em relação aos outros, mas combinar esforços para desencavar a verdade que diz respeito aos assuntos em pauta. E quanto a ganhar a todo custo? "Ganhar a todo custo" é um preço que ninguém pode pagar.

Argumentar não é disputar

Argumento é uma conversação racional. Não é para ser confundido com disputa. O objetivo do argumento é chegar à verdade. O objetivo da disputa é atingir outras pessoas. Existem pessoas que, embora felizes em discutir com você, ou não querem, ou são incapazes de *argumentar* com você. Não desperdice tempo e energia tentando argumentar com pessoas que não querem ou não conseguem argumentar.

Os limites da sinceridade

Sinceridade é uma condição necessária ao raciocínio lógico, mas não é suficiente. Se você não considera uma posição que defende publicamente, e está tentando defendê-la, por meio de argumentos, como verdadeira, está abusando da razão. Quem quer argumentar com alguém que não acredita de fato no que está dizendo? E o que é mais irritante, depois de uma longa e vigorosa discussão em defesa de algo em que você acredita com paixão, do que descobrir que seu interlocutor, que defende a posição contrária, estava discutindo apenas por causa dos argumentos? Apenas um sentimentalista acredita que a sinceridade é suficiente. Na verdade, sinceridade absoluta pode estar perfeitamente associada a um equívoco inegável. Posso ser absolutamente sincero e estar completamente errado. É claro, *temos* de ser sinceros. Mas precisamos também estar certos.

Senso comum

A lógica, embora seja mais do que senso comum, nasceu dele. Assim, o êxito em pensar logicamente e, com isso, o ato de evitar o pensamento ilógico, tem suas raízes no respeito ao senso comum. Senso comum é aquele raciocínio confortável do dia-a-dia que vem de nossa consciência e de nosso respeito pelo que é lógico. Caracteriza-se pela capacidade infalível de distinguirmos um gato de um canguru. O senso comum considera a linguagem, principalmente, um meio de revelar as coisas, não de escondê-las, e suspeita das palavras que fascinam mais do que denotam. O senso comum prende-se aos fundamentos básicos e presta aos primeiros princípios da razão a reverência merecida. O senso "comum" é compartilhado por todos aqueles animais que Aristóteles definiu como racionais.

ETAPA CINCO

As principais formas do pensamento ilógico

TEORICAMENTE, O NÚMERO DE MANEIRAS COMO O RACIOCÍNIO pode funcionar mal está além das contas, mas erros de raciocínio específicos tendem a se agrupar em um número limitado de padrões. Os vários padrões típicos do mau raciocínio são chamados de "falácias". Existem dois tipos básicos de falácias: a formal e a informal. "Falácias formais" tratam da forma, ou da estrutura, do argumento. "Falácias informais" tratam de todo tipo de erro lógico, e não de erros formais. A seguir, vamos tratar dos dois tipos mais importantes de falácias, a começar pela formal.

Uma pessoa que está tentando dominar o pensamento lógico deve presumir que se tornar familiar com as formas como o raciocínio pode funcionar mal não é muito vantajoso ou, pior, que pode ser, na verdade, contraproducente. Nenhuma suposição é correta. Devem-se enfatizar os princípios positivos, é claro, mas o conhecimento das armadilhas do raciocínio tem uma dupla vantagem: 1) enfatiza as maneiras corretas de raciocínio, afiando nossos sentidos em relação a eles e, dessa forma, permitindo que sejamos mais bem orientados por eles; 2) protege-nos do mau raciocínio sempre que somos os receptores.

É particularmente importante notar que o raciocínio falacioso pode muitas vezes ser persuasivo; algumas vezes, até mais do que o bom raciocínio. Aqui reside o grande perigo. A explicação principal para isso é que uma tática favorita do raciocínio falacioso é pregar uma armadilha no bom raciocínio – ele apela diretamente para as emoções.

Negar o antecedente

Quando falamos sobre argumento condicional (da forma A → B), vimos que havia duas formas válidas: afirmar o antecedente e negar o conseqüente. Combinadas com as duas formas válidas, estão duas formas inválidas, a primeira das quais é "negar o antecedente". Aqui está um modelo do argumento:

> A → B
> -A
> Portanto, -B

E aqui está o argumento na forma de linguagem:

> Se Louise está correndo, então está se movimentando.
> Louise não está correndo.
> Portanto, não está se movimentando.

Comentário: Podemos ver com clareza que o fato de Louise não estar correndo não significa necessariamente que ela não esteja se movimentando. O que a premissa maior nos diz é que, se A acontece, B necessariamente acontecerá (Louise não pode estar correndo se não estiver se movimentando). Mas não diz que A seja a condição única para produzir B. (Louise pode estar se movimentando porque está caminhando, ou virando-se enquanto dorme, ou balançando-se numa cadeira.) Assim, a simples ausência de A não nos permite concluir que B também estará ausente. Lembre-se de que esse é um argumento *inválido*, porque a conclusão não resulta necessariamente. A conclusão poderia ser verdadeira? Poderia, mas não temos certeza.

Afirmar o conseqüente

A segunda forma inválida de argumento condicional é chamada de "afirmar o conseqüente", e está expressa simbolicamente a seguir:

> A → B
> B
> Portanto, A

E na forma da linguagem:

> Se Louise está correndo, então está se movimentando.
> Louise está se movimentando.
> Portanto, ela está correndo.

Comentário: Podemos imediatamente perceber que a conclusão não é correta. Por que não? Vamos voltar à premissa maior. Ela nos diz que uma condição específica tem de ser realizada (Louise está correndo) para que uma conseqüência específica resulte (o movimento dela). Prestando atenção no argumento anterior, a proposição não afirma que esta é a *única* condição que, sendo realizada, necessitará do conseqüente. Dessa forma, se o conseqüente é adequado (Louise está se movimentando), não podemos concluir que a única explicação possível seja a condição específica (Louise está correndo). Existem outras razões para que Louise estivesse se movimentando além de correr. Mais uma vez, a conclusão poderia ser verdadeira, mas não é obrigatória.

O termo médio não-distributivo

Em nossa discussão sobre argumento silogístico, vimos que o termo médio (o termo que aparece nas premissas, mas não na conclusão) tem de ser um termo universal (distributivo) pelo menos uma vez, para que tenha o alcance próprio para fazer a conexão entre o termo maior e o termo menor. Se isso não acontece, temos a falácia formal chamada "termo médio não-distributivo". Um nome menos técnico dado a essa falácia é "culpa por associação". Podemos ver a pertinência do último nome nesse exemplo:

> Diversos nazistas eram membros do Clube Kaiser.
> Hans era um membro do Clube Kaiser.
> Portanto, Hans era um nazista.

Comentário: Esse é um argumento falacioso (raciocínio falacioso) porque, ao contrário do que a conclusão afirma, não é correto dizer que só porque Hans pertenceu a um clube que tinha membros nazistas, ele era um nazista. Essas circunstâncias podem levantar certas suspeitas em relação a Hans, mas não nos permite declarar como um fato, mas, quando muito, apenas como uma hipótese.

Termos equívocos

Um termo ou uma palavra equívoca tem mais do que um significado. O problema potencial que pode ser causado pelos termos equívocos é a ambigüidade. Se criamos uma ambigüidade sem intenção pela maneira como usamos a linguagem, não estamos cometendo uma falácia. A falácia ocorre quando usamos propositalmente palavras que possuem significados múltiplos, a fim de iludir as pessoas com as quais falamos.

Em nossa discussão sobre argumento silogístico, vimos que um dos requisitos para dar validade a um argumento é que ele tenha exatamente três termos. Parece que evitar o erro de ter um silogismo de quatro termos seria um tanto fácil, já que tudo o que teríamos de fazer seria contar os termos. Mas o erro torna-se menos fácil de ser detectado se um dos termos do silogismo está sendo utilizado equivocadamente. Superficialmente, o argumento (expresso simbolicamente) seria assim:

M—P
S—M
___
S—P

Mas porque um dos termos, M, está sendo usado de duas maneiras bem diferentes, o argumento, na verdade, contém quatro termos e é, portanto, inválido. Quando o argumento simbolicamente expresso reflete a ambigüidade, o erro torna-se óbvio:

M—P
S—Q
———
S—P

Considere o argumento seguinte:

Mangueiras desperdiçam muita água.
O gado está ocupando a mangueira.
Portanto, o gado está desperdiçando água.

Comentário: "'Mangueira" aqui está sendo usada de duas maneiras. Na premissa maior, refere-se ao instrumento de borracha usado para lavar ambientes ou para molhar plantas. Na premissa menor, refere-se ao cercado, em fazendas, onde o gado é guardado. O uso consciente do equívoco não precisa ser sempre malicioso. É comumente usado para causar um efeito humorístico proposital.

Considere o argumento a seguir. Aqui, a ambigüidade é um pouco mais sutil.

Amor ao próximo é uma marca de altruísmo.
Don Juan era um grande amante.
Portanto, ele era um altruísta.

Comentário: O problema aqui é "amor", uma palavra potencialmente muito ambígua, em razão dos muitos significados atribuídos a ela. A premissa maior nos dá uma interpretação de amor razoável e de fácil aceitação. Ela reflete a definição clássica de amor como desejar o bem ao próximo. A premissa menor, ao contrário, nos dá uma interpretação mais popular, e até mesmo vulgar, de amor. Quando dizemos que Don Juan era um grande amante, o que queremos dizer, na verdade, é que ele era um namorador, o que não é exatamente a mesma coisa que um altruísta.

A conclusão não está correta porque o amor ao qual Don Juan era adepto não era o mesmo tipo de amor que equiparamos ao altruísmo. Don Juan e altruísmo não podem ser relacionados, porque não existe um único termo médio que faça essa relação. Se as premissas são colocadas de forma a dizer o que realmente significam, em um significado que é disfarçado pela ambigüidade, podemos afirmar que nenhuma conclusão é possível.

Amor ao próximo é a marca do altruísmo.
Don Juan era um namorador.

Claramente, não temos para onde ir. As palavras que se prestam à ambigüidade, intencional ou não, são aquelas que podem estar, e geralmente estão, ligadas a muitos significados. Se você planeja argumentar sobre uma questão ligada à justiça, tenha certeza de que começou por uma definição precisa do termo e, depois, prenda-se com coerência a essa definição por todo o argumento.

Suplicar a questão

O fundamento lógico que está por trás de um argumento, como sabemos, é provar um ponto. A responsabilidade depositada sobre quem está construindo o argumento, então, é transmitir uma evidência concreta na base da qual a conclusão possa ser vista como verdadeira. A falácia que chamamos "suplicar a questão" é, portanto, um tipo muito básico de erro, pois tenta espalhar-se por todo o processo argumentativo. Um discurso que comete essa falácia pode superficialmente parecer um argumento, mas na verdade não é.

A razão é que não possui premissas reais – informação que oferece uma sustentação genuína para a conclusão. A marca específica da falácia é essa: o ponto específico que precisa ser provado como verdadeiro é simplesmente assumido como tal. Considere o argumento a seguir:

> Porque Shirley é dada à prevaricação.
> Shirley é uma mentirosa.

Devemos supor rapidamente que aqui temos um argumento genuíno que tem uma conclusão real, pois a primeira proposição parece servir de premissa para a segunda. Mas, se refletirmos sobre o que diz a primeira proposição, veremos que está simplesmente repetindo (usando palavras diferentes) o que é dito na conclusão. As duas proposições diferem apenas verbalmente, não em termos de conteúdo. Assim, o ponto que precisa ser provado é assumido como sendo verdadeiro, sem que tenha sido oferecida qualquer justificativa para isso. Vamos considerar uma forma mais complicada de falácia:

Todas as pessoas da mesa tinham a cabeça raspada.
Jim estava na mesa.
Portanto, Jim tinha a cabeça raspada.

Mais uma vez, considerada superficialmente, a conclusão desse discurso pode parecer estar *provando* que certa questão é verdadeira, mas não é o caso. Se refletirmos sobre a primeira proposição, que tem todas as características de uma premissa maior honesta, vemos que a única maneira que esta poderia ser feita seria baseando-se num conhecimento prévio da conclusão. Eu não poderia saber que "todas" as pessoas da mesa tinham as cabeças raspadas se já não soubesse que Jim tinha sua cabeça raspada. Então, a conclusão simplesmente repete uma informação já conhecida. Aqui não está sendo feita inferência real alguma.

Uma variação desse tipo de falácia é a "argumentação em círculo", algumas vezes chamada de "círculo vicioso". A essência da falácia é a seguinte: primeiramente, uma proposição A é usada como premissa para sustentar uma outra proposição, B; então, mais tarde, o processo é invertido, e o que era inicialmente a premissa A agora se torna a conclusão, e a conclusão original B serve como premissa. Considere o argumento seguinte (vou classificar as proposições para que, assim, a inversão sobressaia):

a) Porque os seres humanos são completamente determinados.
b) Falta-lhes livre-arbítrio.

Então, algumas páginas depois, lemos:

b) Dado o fato de os seres humanos terem falta de livre-arbítrio.
a) O resultado é que eles são completamente determinados em suas ações.

Se os dois argumentos fossem colocados lado a lado, a circularidade ficaria imediatamente aparente. Eles são, portanto, separados por texto de intermédio suficiente para que se espere que os leitores tenham esquecido o primeiro argumento quando chegarem ao segundo.

Falsas suposições

Supor que alguma coisa seja verdadeira é aceitá-la como verdadeira sem estar certo disto. Não existe nada intrinsecamente hostil nesse fato. Às vezes, precisamos supor que certas coisas sejam verdadeiras para que o processo de raciocínio deslanche. Se o processo for bem-sucedido, freqüentemente nos permite confirmar como sendo de fato verdadeiro o que inicialmente havíamos *suposto* ser verdadeiro. Para verificarmos se uma suposição é confiável, temos de analisar se esta proposição não transgride os princípios da contradição. Em outras palavras, uma suposição confiável não é claramente absurda.

Mas suposições têm de ser feitas com grande cuidado. Uma suposição é falsa porque pode ser independentemente provada como falsa. Os fatos estão claramente arranjados contra ela. Se alguém inicia uma argumentação com suposições falsas, a conclusão desse argumento só pode ser falsa.

Existe um outro tipo de suposição falsa que pode afetar um argumento contrariamente, mas de uma maneira menos direta. Se, ao construir um argumento, você supõe que sua audiência tenha um conhecimento de determinado tipo quando, de fato, não tem, então a capacidade da audiência de acompanhar seu argumento será obviamente dificultada.

Método empírico: faça o menor número de suposições possível.

Falácia do homem de palha

Em argumentação, alguém endereça um argumento, não à pessoa por trás do argumento. Mas essa pessoa tem de endereçar o argumento como lhe foi dado. Se, reagindo a um argumento, eu propositalmente o deturpo para enfraquecê-lo, então cometo a "falácia do homem de palha". A imagem conta a história: é fácil lidar com um homem de palha; é fácil seduzi-lo. Não cometemos essa falácia sempre que entendemos algum argumento de maneira errada. Alguns argumentos são complicados, e podemos cometer erros de interpretação inadvertidamente. A comissão da falácia é um erro *desonesto* porque é a distorção proposital de um outro argumento.

Usar e abusar da tradição

Práticas tradicionais são maneiras estabelecidas de fazer as coisas. Maneiras estabelecidas de fazer as coisas são recomendáveis e válidas se forem baseadas em seus próprios méritos. A tradição, tomada como um todo, deve ser considerada como um conjunto elaborado de precedentes. O simples fato de que "As coisas sempre foram feitas desse jeito" não é razão para que continuem sendo feitas daquele jeito. Tudo depende do que, de fato, está sendo feito. O hábito é uma influência forte em nossas vidas, e podemos ficar habituados com maneiras de fazer as coisas que não valem necessariamente a pena. Quando avaliamos determinado costume, temos de focar nossa atenção nele, não em sua história.

Mas existe um tipo oposto de erro que podemos cometer em relação à tradição. Se é ilógico destacar a longevidade de um costume como a única razão para mantê-lo, então é tão ilógico quanto citar a longevidade de um costume como a única razão para abandoná-lo. A atitude por trás desse erro é certo tipo de pensamento modernista que supõe que somente o novo vale a pena e que a única permanência com a qual deveríamos nos comprometer é a permanência da mudança. Um costume não é necessariamente ruim porque tem uma história por trás de si. Na verdade, é concebível que a melhor explicação para sua durabilidade seja seu valor intrínseco.

Um erro não justifica o outro

Nós, intuitivamente, vemos o ilógico da declaração de que um erro justifica o outro. O que um erro faz é tornar o outro ainda maior. A falácia em questão, colocada da maneira mais simples, poderia ser expressa como a seguir: "Tudo bem fazer ... porque ... já foi feito." Os espaços em branco podem ser, e foram, preenchidos com seleções do escudo do comportamento humano, do mais inofensivo ao mais grosseiramente criminoso.

O raciocínio por trás do argumento baseia-se na suposição de que um único precedente justifica uma ação futura. Mas o precedente fornece justificação enfaticamente insuficiente para a ação. O fato de que um ato foi realizado por outros tem apenas interesse histórico. Quando decidimos se um argumento é apropriado, temos de concentrar nossa atenção na natureza do próprio ato.

Tudo muito óbvio. No entanto, quando tem a ver com falácias, a obviedade do mau raciocínio incorporado mostrou-se não ser uma defesa certa contra a rendição ao mau raciocínio. As páginas da história estão repletas de exemplos dessa falácia, muitas vezes em escalas grandiosas. "Fizeram isso primeiro, portanto está tudo bem se devolvermos com a mesma moeda." Mas, se "isso" era errado para eles, não se torna repentinamente correto quando nos tornamos os praticantes.

A falácia democrática

A maioria da população de determinada sociedade tem uma opinião em particular sobre determinada questão. Trata-se de uma informação sociológica interessante, mas que não tem necessariamente uma relação com a verdade ou a falsidade do problema em questão. Maiorias podem estar erradas. Mas podem também estar certas. A "falácia democrática" é a suposição de que, pelo simples fato de a maioria das pessoas *acreditar* que a proposição X seja verdadeira, isto seria evidência suficiente para nos permitir concluir que a proposição X é verdadeira.

Se a maioria das pessoas de uma sociedade tem a opinião de que preto é branco e branco é preto, meus pêsames para a opinião da maioria das pessoas dessa sociedade. Se alguma coisa é preta ou branca, não é uma questão de opinião subjetiva, mas um fato objetivo. Assim, deve-se reconhecer que, em um nível emocional, a falácia democrática pode ser muito persuasiva. Como muitas grandes figuras da história descobriram, não é fácil levantar-se contra uma multidão quando esta acredita que o preto é branco e o branco é preto.

A falácia *ad hominem*

Vamos repetir uma regra importante: em argumentação, reagimos a um argumento, não à pessoa que está por trás do argumento. Essa regra é quebrada quando o argumento é ignorado e a pessoa responsável pelo argumento é deliberadamente atacada. Quando isso acontece, a "falácia *ad hominem*" está sendo cometida. (*Ad hominem*, em latim, significa "contra a pessoa".) O golpe de ponta desse empreendimento ilógico é deixar pública certa informação negativa sobre a vida pessoal de um oponente que, embora irrelevante ao assunto em questão, é emocionalmente volátil. A intenção do perpetrador dessa falácia é desviar a atenção da audiência do argumento, normalmente porque ele está levando a pior.

Se meu único objetivo é ganhar o argumento, a falácia *ad hominem* pode efetivamente apressar essa causa. Pode fazer com que uma audiência fique contra meu oponente, mas por motivos irrelevantes ao argumento. Depois da disputa, posso felicitar-me por ter ganho o argumento, mas isso foi precisamente o que não fiz – em todo caso, não em um sentido lógico. Minha vitória duvidosa não se baseou nos méritos de minhas idéias, mas em minha capacidade de impedir que o argumento de meu oponente fosse ouvido imparcialmente.

Substituir pela força da razão

O argumento ideal permite que as pessoas vejam que alguma coisa é verdadeira com base em evidências. A única força que um argumentador quer usar é a força da razão.

A alternativa de mover as pessoas pela força da razão é a força natural. As pessoas podem ser forçadas a fazer o que não querem fazer, mas não podem ser forçadas a pensar o que não querem pensar. Não podem ser coagidas a aceitar uma verdade. Num argumento, a coerção invariavelmente falha. As pessoas irão aceitar a verdade somente quando podem fazer isso livremente, constatando, por si mesmas, que o que foi apresentado como verdade é de fato verdade.

Os usos e abusos de autoridade

Um especialista é uma autoridade em um campo específico. É perfeitamente legítimo, num argumento, apelar para as opiniões de especialistas para ver se são relevantes em relação ao ponto que alguém está tentando comprovar. Mas certas precauções devem ser tomadas quando seguimos essa prática. Considere o argumento a seguir:

> O professor Smith diz que o Programa Acme é bom.
> O professor Jones diz que o Programa Acme é bom.
> O professor Doe diz que o Programa Acme é bom.
> Portanto, devemos adotar o Programa Acme.

Vamos dizer que os três professores citados aqui sejam todos especialistas legítimos em relação ao campo relacionado com o Programa Acme. Isto é, o testemunho deles é qualificado como relevante. Mas vamos além. Digamos que nenhum dos professores nos ofereça razões para que acreditemos que o programa é bom. Os professores não argumentam. O programa vai ser adotado simplesmente por causa de suas palavras.

Mas é o argumento, não apenas a palavra dos especialistas, que deve carregar o peso autoritário, e o argumento que foi apresentado aqui está longe de ser convincente, pois não nos oferece nada além da simples palavra dos especialistas. Se ficarmos satisfeitos apenas com as palavras dos especialistas, vamos aceitar o seguinte: "Não faça perguntas, apenas faça o que eu digo."

O tipo mais forte de evidência de um especialista incorpora as razões que os especialistas antecipam por sustentarem certa posição. Nesse caso, temos de lidar com mais do que uma simples opinião.

Assim como temos de examinar nossas próprias declarações para ter certeza de que elas se enquadram com os fatos, precisamos também ter certeza de que a evidência do especialista que usamos no argumento é realmente verdadeira. Existem muitas pessoas que se passam por especialistas, mas que não são qualificadas como tal. Aqui, não devemos prestar atenção no que as pessoas dizem que sabem, mas como demonstram que sabem por meio de argumentos.

Não é necessário dizer que a declaração honesta de um especialista é digna de atenção somente se diz respeito a áreas nas quais ele tem domínio. Esse ponto razoavelmente óbvio só merece ser mencionado porque passa freqüentemente despercebido. A visão de um músico mundialmente famoso em assuntos como economia e aquecimento global não tem um peso especial se a única autoridade por trás dele são suas qualidades musicais.

O quantificador de qualidade

Normalmente, expressamos qualidade em termos quantitativos, uma prática que pode trazer consideráveis benefícios práticos, mas devemos ficar cientes de suas limitações. Calor é uma qualidade. Nós o quantificamos. A alta temperatura de ontem foi reportada como de 33°C, e outros números em relação ao índice de umidade e velocidade do vento também foram relatados. Vamos dizer que os números de temperatura e umidade estejam mais altos hoje do que ontem, e que não há vento. Mas, por alguma razão, hoje não parece estar tão quente quanto ontem. Deveríamos supor que sentiríamos mais calor hoje porque os números que representam o calor estão mais altos hoje do que ontem, mas isso só seria verdade se qualidade pudesse ser traduzida perfeitamente para quantidade. O que aqui não é o caso, e é demonstrado pelo fato de que o que sinto não está de acordo com o que está marcado no termômetro.

Num senso mais estrito, nenhuma qualidade pode ser quantificada, já que, se uma qualidade pudesse ser perfeitamente traduzida para quantidade, não haveria, em primeiro lugar, fundamento para a distinção entre ambas. Falamos da cor azul em termos de determinada freqüência de ondas de luz, mas, quando temos a experiência de ver o azul, não são as ondas de luz que estamos vendo, mas o azul. O uso de números aqui não exerce a mesma relação que é exercida com as qualidades em que podemos agregar números. Satisfazemo-nos com um sentido falso de precisão quando supomos conhecer melhor uma qualidade, como qualidade, porque foi quantificada.

Muitas coisas importantes não se submetem à avaliação quantitativa; e podemos até mesmo dizer que as coisas mais importantes não o são. Considere amor, beleza, bondade, justiça, liberdade e paz. Como podemos medi-los? Qual a massa e a velocidade? Quanto custam em dólares e em centavos? Tentar quantificar algo que não se presta à quantificação é deturpá-lo.

Considere mais do que a origem

Digamos que você seja funcionário do departamento pessoal de uma firma de prestígio. Como parte de sua função, você desenvolveu um bom conhecimento sobre as mais importantes faculdades e universidades do país e o tipo de graduados que elas geralmente produzem. Em particular, você sabe que a Universidade Vacuous não é uma instituição acadêmica competente. Você está procurando preencher uma posição importante em sua firma e está examinando as requisições. Tendo apenas dado uma olhada numa requisição feita por um graduado na Vacuous, um tal de Peter Petri, você prontamente decide, simplesmente baseado no fato de o candidato ter-se formado naquela instituição, rejeitar a requisição. Você acabou de cometer uma falácia.

Não que sua decisão tenha sido completamente irracional. Afinal de contas, pelo que você sabe sobre a Universidade Vacuous, é provável que o sr. Petri não seja especialmente um forte candidato. Mas isso não é uma regra. É possível que um indivíduo brilhante surja até mesmo em uma instituição acadêmica que não seja ilustre, tal como a Universidade Vacuous. A essência da falácia cometida é essa: sabendo que a origem é em geral ruim, você supõe que tudo que vem dessa origem tem de ser necessariamente ruim. Isto não é uma conseqüência.

Certamente, é relevante considerar a origem de alguma coisa ou de alguém cujas qualidades estamos avaliando. Mas temos de ir além disso. Primeira pergunta: De onde vem o sr. Petri? Próxima pergunta: Considerando apenas a pessoa, quais são as qualidades do sr. Petri?

Interromper a análise

Em razão de nossa natureza como criaturas analíticas, temos de desmembrar as coisas mentalmente, senão fisicamente, para compreendê-las melhor. Mas a análise somente é produtiva se é complementada pela síntese. Não basta desmembrar as coisas; temos de juntá-las novamente.

Ed gosta de desmantelar carros. Teve êxito em desmontar vários, mas, até esta data, não conseguiu montar nenhum novamente, fazendo-os funcionar. Desse exemplo, podemos concluir acertadamente que Ed não sabe, de fato, muito sobre carros. Ele pode analisá-los, mas não pode sintetizá-los.

O propósito da análise não é simplesmente saber sobre as partes individuais que compõem uma coisa, mas saber como elas se relacionam umas com as outras – saber como, quando unidas, elas constituem um todo. Em relação a termos puramente quantitativos, um todo não é mais do que a soma de suas partes. Mas, se essa visão fosse adequada para entendermos a natureza de uma coisa, então as partes desmanteladas de um relógio, colocadas juntas em um lugar, seriam um relógio e se comportariam como um relógio.

Reducionismo

Algo composto, como acabamos de notar, é sempre muito mais do que as partes que o compõem. Por exemplo, o corpo humano pode ser analisado em relação aos elementos químicos que o compõem, mas argumentar que o corpo humano não passa de um conjunto de elementos químicos é sucumbir ao raciocínio grosseiramente simplista e cometer a falácia do "reducionismo".

Essa falácia é cometida quando, seletivamente, nos focamos apenas em algumas partes de um todo composto. Isto é o que fazemos quando prestamos atenção exclusivamente nos traços negativos de uma pessoa e, então, alegamos que, ao fazer isso, revelamos como a pessoa realmente é.

Má classificação

Se somos por natureza criaturas analíticas, também somos, por natureza, criaturas classificadoras. Conhecemos as coisas mais completamente associando-as com outras coisas, especificamente agrupando-as junto de outras com as quais são parecidas. (Você vai lembrar que este é o primeiro passo no processo lógico de definição.) A má classificação das coisas – tomar uma maçã por uma laranja, por exemplo – pode causar sérias conseqüências. Um livro mal catalogado numa grande livraria pode ficar efetivamente perdido por anos. Classificamos mal as coisas porque fracassamos, em primeiro lugar, em identificá-las apropriadamente, e fazemos isso porque não estamos prestando atenção.

Falácia *red herring*

Existem várias falácias cujo objetivo efetivo é fazer com que compreendamos mal, e elas fazem isso distraindo nossa atenção dos assuntos em questão. Já vimos isso na falácia *ad hominen*, que acontece quando introduzimos uma informação emocionalmente volátil que tem a ver com a pessoa que é nosso oponente e que é completamente irrelevante para o argumento. A falácia *red herring* nos fornece um outro exemplo dessa tática. Ela insere uma informação emocionalmente volátil que é deliberadamente calculada para agitar determinada audiência. Dois aspectos fazem dessa tática uma falácia: primeiro, é um apelo direto à emoção, não à razão; segundo, a informação trazida não tem absolutamente nada a ver com o assunto discutido no argumento.

Louis e Lawrence são químicos que estão debatendo se a companhia para a qual trabalham deve introduzir no mercado uma nova linha de fertilizante. Estão debatendo frente a um dos departamentos da companhia cujos membros tiveram o pedido de aumento de salário negado. Louis, que desenvolveu o novo fertilizante, está superconfiante em que o fertilizante será colocado no mercado. Mas ele sente que não está se saindo bem no debate e, de fato, parece que os argumentos opostos de Lawrence prevalecerão. Desesperado, ele aborda a questão do aumento recentemente negado. Como resultado, ocorre grande confusão. O debate chega abruptamente ao fim. O assunto do aumento de salário definitivamente desviou a atenção do debate.

Sorrir como tática diversiva

Caímos nessa falácia quando, incapazes de reagir racionalmente ao argumento, tentamos nos esquivar fingindo que não vale a pena levá-lo a sério. Podemos ir tão longe a ponto de afirmar que o argumento não é mais do que uma questão que provoca riso. Fazer as pessoas rirem de um argumento pode servir como uma maneira poderosa de rejeitá-lo, mas isso pode não ter nada a ver com o valor intrínseco do argumento. Se um debatedor inescrupuloso não conseguir fazer sua audiência rir de um argumento, vai tentar fazer com que seu oponente seja alvo de riso, chamando, por exemplo, a atenção para alguma irrelevância como um defeito de fala e, desse modo, distrair a atenção de um argumento que não consegue sustentar.

Para estar seguro, existem argumentos que são comicamente ineficientes e, portanto, merecem risada. Mas, mesmo nesses casos, em vez de rejeitar um argumento como ridículo, é melhor esperar a hora para mostrar como e por que ele fracassa como argumento.

Chorar como tática diversiva

Além de usar a risada para tirar um argumento do trilho, podemos também fazer isso jogando com a compaixão da audiência. A falácia aqui envolve o obscurecimento proposital de assuntos por meio da cínica manipulação da emoção.

Argumentos freqüentemente lidam com assuntos carregados emocionalmente. É muito importante, quando este é o caso, esforçar-se mais do que o normal para manter a emoção sob controle. Dada a relação inversa entre a presença de emoções intensas e a habilidade de pensar com clareza, se permitirmos que a emoção assuma o comando, as chances de conduzir um argumento persuasivo se aproximam de zero.

Sucumbimos a essa falácia quando ignoramos intencionalmente ou menosprezamos um assunto pertinente à mão, focando-nos em questões periféricas ou irrelevantes ao argumento, e que apelam diretamente para a emoção da audiência, numa tentativa de ganhar sua simpatia. Digamos que eu tenha sido convidado para falar numa reunião da Prefeitura para manifestar meus pontos de vista em relação a uma proposta de aumento de imposto para a educação. Sou completamente contra o aumento. Uma vez que estou no *podium*, em vez de dar atenção ao principal objetivo da reunião, desperdiço todo o meu tempo lamentando teatralmente a aflição que senti durante meus tempos de estudante com o sistema de educação local. Usando essa tática, tenho a pretensão de ganhar o apoio emocional da audiência e ganhar muitos votos "não" contra o aumento dos impostos.

A incapacidade de invalidar nada prova

O fato de não haver prova concreta contra uma posição não se constitui em um argumento em favor da posição. Não posso alegar estar certo simplesmente porque você não pode provar que estou errado. Considere o seguinte diálogo:

Dr. Willing: Não estamos sozinhos no universo. Eu defendo que existe vida na vasta extensão do universo.
Dr. Able: Você tem prova disso?
Dr. Willing: Não. Mas você pode provar que *não* existe vida no espaço cósmico?
Dr. Able: Não, não posso.
Dr. Willing: Ah! Isto prova que estou certo.

Comentário: O Dr. Willing está tentando encerrar prematuramente uma questão que permanece aberta. Porque não existe prova a favor ou contra a questão acerca da existência de vida no espaço cósmico. Assim, os proponentes dos dois lados não podem alegar que a falta de prova a favor da posição à qual se opõem é uma prova da posição defendida.

O falso dilema

A palavra "dilema" vem do grego e pode ser traduzida aproximadamente por "duas possibilidades". Existem típicas situações de "ou" na vida – isto é, situações nas quais existem duas possibilidades e apenas duas possibilidades abertas para nós. E também há situações em que existem várias possibilidades abertas para nós.

Cometo a falácia do falso dilema quando, numa situação que possui diversas possibilidades, tento persuadi-lo de que existem apenas duas. O dilema é falso porque representa uma distorção da verdadeira situação.

A falácia busca criar uma falsa sensação de urgência na audiência, forçá-la a escolher entre duas alternativas cuidadosamente selecionadas pelo perpetrador da falácia. Essa sensação de urgência é importante se nenhuma das alternativas oferecida é particularmente atrativa. Vamos dizer que apresento a você as alternativas A ou B. Quero que você escolha A. Aqui está como eu argumentaria: "A, sem dúvida, não é a escolha mais agradável, mas a única alternativa que você tem é B, e ela é terrível. Certamente, você não iria querer *isso*!"

Falácia *post hoc ergo propter hoc*

O nome latino dessa falácia que agora será discutida, *post hoc ergo propter hoc*, traduz-se muito precisamente para "depois disso, portanto, por causa disso". (A frase, por si só, representa um mini-argumento, você perceberá.) A falácia tem a ver com causalidade. Numa relação de causa e efeito, a causa é sempre anterior ao efeito, no sentido de que a causa tem de se aprensetar antes de o efeito acontecer. Mas, muitas vezes, existe uma prioridade temporal detectável em relação à causa. Primeiramente, acendo o pavio da dinamite (causa); o pavio queima e, então, depois de um intervalo de tempo, há uma tremenda explosão. A falácia *post hoc ergo propter hoc* é cometida quando, em resposta a uma situação em que certo acontecimento A aconteceria, seguido por um outro acontecimento B, decidimos, *somente baseados no fato de A ter vindo antes de B,* que A causou B.

Um homem das cavernas inclinado a especulações filosóficas de repente percebeu o fato de que, toda manhã, até onde é capaz de lembrar-se, o canto dos pássaros invariavelmente precedia o nascer do Sol. Com base nessa evidência, ele, alegremente, concluiu que era o canto dos pássaros que fazia o Sol nascer. Ele, dessa forma, cometeu a falácia *post hoc ergo propter hoc.*

A precedência temporal de um acontecimento sobre um outro não é irrelevante, pois podemos considerar uma eventual relação casual entre ambos. No entanto, a informação não é conclusiva. Precisamos saber mais. O melhor que podemos concluir, se essa é toda a informação de que dispomos, é que o primeiro acontecimento *pode* ter sido a causa do segundo. Se nosso homem das cavernas tivesse ido mais além em suas especulações filosóficas – como sua descendência fez –, teria descoberto que o simples fato de os pássaros cantarem e de, depois, o Sol nascer não era suficiente para sustentar a conclusão de que o canto fazia o Sol nascer.

Defesa especial

A "falácia da defesa especial" é cometida quando, seletivamente, omitimos uma informação significante porque esta iria pesar contra a posição que estamos defendendo. O resultado dessas omissões é uma distorção séria do assunto em discussão.

Digamos que eu esteja escrevendo sobre a faculdade onde estudei, Faculdade Carefree. Sou sinceramente devotado à Carefree e considero os anos que passei lá os melhores de minha vida. Quero que minha história mostre ao mundo que Carefree é uma das melhores instituições acadêmicas do país. No entanto, quanto mais me aprofundo em minhas pesquisas, mais descubro que o passado de Carefree não é particularmente edificante. Mas isso não me afasta de meu objetivo original e, enquanto escrevo meu livro, decido ignorar todos os aspectos negativos da história de minha faculdade e me focar nos positivos. Com essa abordagem, cometo a falácia da defesa especial, e a imagem da Faculdade Carefree que apresento ao mundo é decididamente deturpada.

A falácia da conveniência

Eficiência, por si só, não é o suficiente para determinar o valor de uma ação. A "falácia da conveniência" é cometida quando ignoramos todos os aspectos de um método e nos atemos apenas à sua capacidade de chegar a um fim desejado. Não é suficiente apontar para a última linha, como se fosse tudo o que importasse. A questão é: Como chegamos à última linha?

Cometemos essa falácia quando nos mostramos dispostos a adotar qualquer tática, embora irracional, com a proposta única de chegar ao fim desejado. A atitude reguladora é: não importa como chegaremos lá, desde que cheguemos lá.

Evitar conclusões

O raciocínio humano é poderoso. Pensamos sobre problemas para resolvê-los. Argumentamos para que, por meio dos argumentos, possamos chegar a uma conclusão. As premissas de um argumento são os meios pelos quais chegamos à conclusão. Como vimos, elas precisam estar adequadas à obra. Se chegarmos a uma conclusão quando possuímos evidências insuficientes (premissas fracas), nosso argumento não será convincente.

As conclusões precisam ser alcançadas. O argumento, como a expressão lingüística do raciocínio humano, é orientado por um objetivo. Supor que nos engajamos em um argumento simplesmente para nos ouvir falar é torná-lo trivial. Uma coisa é reconhecer que existem determinados problemas insolúveis, que certas conclusões estão além de nosso alcance. Mas é completamente diferente adotar o princípio de que os problemas são insolúveis e as conclusões são inalcançáveis. Isto é usar a razão para abalar justamente a natureza da razão.

Raciocínio simplista

Se formos tentados a chamar preto de branco, ou branco de preto, é porque as complexidades da vida às vezes nos dominam. Mas não é uma reação racional a uma realidade complexa simplificar algo a ponto de, grosseiramente, deturpá-lo. O resultado do raciocínio simplista é sempre a distorção.

Algumas audiências têm uma capacidade refinada de aceitar somente o que querem ouvir. Outras precisam de respostas fáceis. É cinismo aproveitar-se dessas fraquezas. Não diga a uma audiência o que ela quer ouvir; diga-lhe o que é verdade. Se a realidade é preta, diga que é preta.

Se a realidade é branca, diga que é branca. Se a realidade é cinza, diga que é cinza. A audiência pode não apreciar imediatamente sua sinceridade, mas a esperança é de que, com o decorrer do tempo, todos percebam que a verdade é a única coisa que realmente importa.

POSFÁCIO

EMBORA SEJA IMPORTANTE EVITAR AS ARMADILHAS DO RACIOCÍnio pobre, é ainda mais importante concentrar nossas energias no domínio dos princípios positivos que favorecem seu feliz oposto – o raciocínio bem fundamentado. E é aqui que entra a prática. A lógica pode ser aperfeiçoada como arte somente se trabalharmos nela, se a aplicarmos com regularidade nas situações da vida real. Não podemos reclamar jamais da falta de oportunidade para fazer isso; todas as horas em que estamos acordados são abarrotadas de situações que requerem de nós reações lógicas.

A arte da lógica não é como nenhuma outra, pois vai precisamente ao âmago do que somos. O poeta Píndaro oferece um conselho radical quando diz: "Torne-se o que você é" – ou seja, "Torne-se humano". Se "ser lógico" não é exatamente o resultado de "ser humano", é, gosto de pensar assim, parte muito importante dele.

Este livro foi composto na tipologia Minion, em corpo 12,5/16,5 e impresso em papel off-white 80g/m² pelo Sistema Cameron da Divisão Gráfica da Distribuidora Record.